Ja, ich will! Sie haben sich entschieden. Sie wollen den Rest Ihres Lebens mit Ihrem geliebten Schatz verbringen. Ihrem Ehemann. Bravo! Ein mutiger Entschluss. Und die erste Chance für das ewige Glück. Damit dieses Glück aber auch wirklich eine Ewigkeit anhält, kann Frau auch einiges dafür tun!
Auf ein klares Ja kann man aufbauen. Und mit diesem Handbuch für alle (Ehe-)Lebenslagen erhalten Sie eine gute Basis, mit der Sie das ganze Unternehmen auch sicher zum Erfolg führen können. Ihr Ehemann wird ab heute immer den Müll wegbringen, nie wieder den Hochzeitstag vergessen und weder an Geschenken noch an Komplimenten sparen.

Peter Ehrenberg, geboren 1963 in Delmenhorst bei Bremen, ist als Journalist tätig, ist glücklich geschieden, hat eine nette Ex-Frau und zwei wunderbare Söhne. Er lebt in Berlin.

Unsere Adresse im Internet: www.fischerverlage.de

Peter Ehrenberg

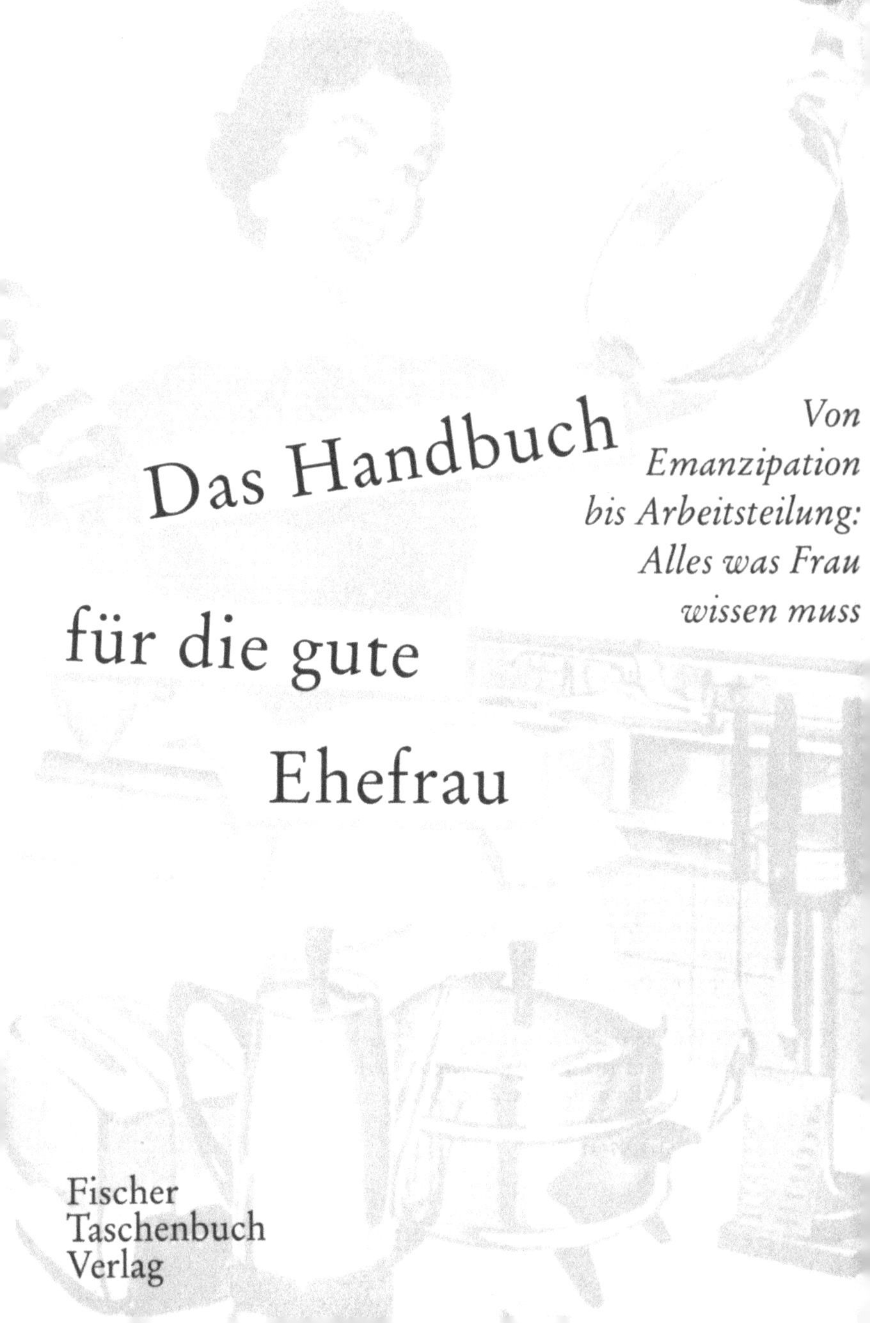

Das Handbuch für die gute Ehefrau

Von Emanzipation bis Arbeitsteilung: Alles was Frau wissen muss

Fischer
Taschenbuch
Verlag

Dieses Buch ist der unveränderte Reprint einer älteren Ausgabe.

Erschienen bei Fischer Digital

Printed in Germany
ISBN 978-3-596-30251-2

2. Auflage: April 2008

Originalausgabe
Veröffentlicht im Fischer Taschenbuch Verlag,
einem Unternehmen der S. Fischer Verlag GmbH,
Frankfurt am Main, Februar 2008

Satz: Pinkuin Satz und Datentechnik, Berlin
Druck und Bindung: Druckerei C. H. Beck, Nördlingen
Printed in Germany
ISBN 978-3-596-17646-5

Inhalt

Vorwort 9

Aufmerksamkeit und Komplimente
Der Morgen 11
Am Arbeitsplatz 14
Endlich Feierabend 18
Wochenende: Shopping oder Fußball? 21
Gelegentliche Aufmerksamkeiten 23
Geschenke und Überraschungen 25

Der Ehe-Knigge
Ein Geheimnis ist ein Geheimnis ist ein Geheimnis 35
Frau A 40
Finger weg vom Werkzeug 43
Gemeinsam ausgehen 44
Party bei uns 52
Das habe ich schon immer so gemacht 59
Jedem das Seine 63
Gemeinsam Sport treiben 66

Hausarbeit: eine Sache für zwei
Waschen und Legen 73
Geteiltes Leid ... 78
Das muss leider sein: Papierkram und Haushaltsgeld 81
Gemeinsame Anschaffungen 86

Die gute Mutter
Und wie soll es denn heißen? 101
Ihre neue Rolle: Mama 103
Urlaub der anderen Art 112
Terroristen des Konsums 117
Fernsehverbot und Stubenarrest 119
Du bist nicht meine Mama! 121

Arbeit und mehr: das Leben außer Haus
Selbstverständlich Karriere:
wenn beide voll berufstätig sind 125
Zur Konferenz 128
Vorsicht, Fettnapf! 131
Fast oben, ganz unten 134
Up and away 137
Du, es wird wieder später ... 141
Vorsicht, Falle! 142

Private Parts: Köperpflege und Intimleben
Auch zu Hause stets gepflegt 145
Body in Bestform 149
Husch, husch ins Bett! 155
Pssst – vertraulich! 165

Diplomatischer Dienst
Unterschiedliche Auffassungen 167
Der Gang übers Glatteis: Familienfeiern 175

Streit und andere Abwechslungen

Konflikte und Krisenherde 189
Erweitern Sie den Horizont 200

Extras

Der Test: Sind Sie eine gute Ehefrau? 211
Die Top Ten der Ärgernisse 218
Die Top Ten der Freuden 218
Literaturhinweise 220

Vorwort

Herzliche Glückwünsche! Sie haben kürzlich geheiratet oder sind im Begriff, zu Standesamt oder Traualtar zu schreiten. Sie haben die Liebe Ihres Lebens gefunden und wollen mit diesem Mann zusammenleben, bis dass der Tod Sie scheidet. – Was, so wollen wir hoffen, noch mehrere Jahrzehnte dauert.

In der letzten Zeit hat es für Sie Glückwünsche förmlich gehagelt, von allen Seiten wurde Ihnen Glück gewünscht. Doch eine gute Ehe ist keine reine Glückssache, es steckt auch ein bisschen Arbeit darin. In diesem Buch möchte ich Ihnen Anleitungen dazu geben, damit Ihre Ehe nicht allein auf Glück vertraut und andererseits nicht in Schufterei ausartet. Es gibt nämlich ein paar Dinge, die ganz einfach zu beachten sind und die das Eheleben dann aber bedeutend leichter gestalten.

Denn Ihre Ehe soll halten, Sie wollen es besser machen als andere, wollen Unkenrufen ein Schnippchen schlagen. Schließlich lieben Sie Ihren Mann, wie er ist. Sonst würden Sie ihn nicht heiraten. Wie er ist. Und er ist manchmal ziemlich anders als Sie. Darauf können Sie sich einstellen – und zwar ohne sich zu verbiegen, ohne tausend Kompromisse, sondern auf eine Weise, dass Sie alle beide sehr viel mehr davon haben. Keiner von Ihnen muss von nun an auf alle lieben Gewohnheiten, Rituale und Termine verzichten. Aber: Absprechen müssen Sie sich!

Das Meiste lässt sich regeln und koordinieren. Bei einigen Punkten werden Sie Zugeständnisse machen müssen. Er dafür bei ein paar anderen. Unterm Strich wird sich alles ausgleichen, allemal langfristig. Es gibt im Laufe eines langen Ehelebens nämlich immer mal Phasen, wo mal der eine, mal der andere sehr viel mehr leisten muss oder wo sich die Aufgabenbereiche stark verschieben. Solche Phasen können je nach Situation unterschiedlich lang sein. Je nachdem, ob Sie auf einmal zu dritt sind oder einer von Ihnen etwas Tragisches erlebt oder Stress im Job hat. Sie beide aber stehen zusammen, Sie halten zusammen und meistern zusammen alle unterschiedlichen Phasen Ihrer Ehe, ohne die das Leben, ehrlich gesagt, auch nicht halb so spannend wäre. Und wenn man gemeinsam etwas geschafft hat, beispielsweise Kinder zu anständigen Menschen erzogen hat, ist man zu zweit viel, viel stolzer und kann gemeinsam den Sieg feiern. Schließlich sind Sie beide ein Team! Verstehen Sie dieses Buch deshalb als Coach, der Ihnen immer wieder etwas zuruft. Sie müssen zwar selbst laufen, aber Sie heimsen dann auch den Erfolg ein.

Auf geht's!

Aufmerksamkeit und Komplimente

Der Morgen

Viele Männer sind morgens ein bisschen muffelig, und sie sind Muffel, weil sie Männer sind. Das liegt möglicherweise in der Evolution begründet – auf jeden Fall wird es gern als Alibi benutzt –, aber schließlich haben sie in grauer Vorzeit meist tagsüber gejagt und abends das Überleben gefeiert.

Möglicherweise liegt es auch an den unterschiedlichen Träumen. Ihr Mann hatte im Schlaf schwer im Kopf zu tun. Während er sich nachts eher mit Gewalt, Sex und Beruf beschäftigt, geht es bei Frauen vermehrt um Familienangehörige und Gefühle. Das berichtet das Magazin »Psychologie heute« unter Berufung auf eine deutsche Langzeitstudie über 40 Jahre mit mehreren tausend Erwachsenen.

So ganz kann der nette Mensch an Ihrer Seite scheinbar nicht aus seiner Rolle hinaus, sosehr die Emanzipation die Beziehungen in den vergangenen Jahrzehnten auch verändert haben mag. Demnach drehen sich Männerträume oft um körperliche Aggression und Sexualität. Außerdem kommen darin mehr Männer als Frauen vor. Häufiger als bei Frauen geht es um die Arbeitswelt, um Waffen und darum, Ziele zu erreichen.

Wenn Frauen dagegen von Aggression träumen, richtet sich diese vorwiegend gegen die Schlafende selbst. In ihrem Schlaf geht es häufiger um traurige Dinge oder solche, die depressiv stimmen. In Frauenträumen kommen beide Geschlechter gleich oft vor. Zentrale Themen sind nahe stehende Personen und Gefühle. Außerdem träumen sie häufiger als Männer von Innenräumen. Zudem tauchen Kleidungsstücke öfter auf – und Haushaltsgegenstände.

Besonders am Morgen fühlt sich Ihr Mann also schlimm. Und noch mehr, wenn er zur Arbeit gehen muss, der Himmel grau durchs Fenster wabert und die Motivation überhaupt im Keller ist, fällt es ihm schwer, den Platz neben Ihnen zu verlassen. Sie nehmen das selbstverständlich als Kompliment und erleichtern ihm den Start in den Tag.

Wie? Als Erstes natürlich mit einem liebevollen »Guten Morgen«, garniert mit einem zärtlichen Kuss. Wenn Sie besser aus dem Bett kommen als er, können Sie ihm ja einfach den Gefallen tun und die Kaffeemaschine anstellen. Und wenn Sie ihm eine Tasse ans Bett bringen? Den dankbaren Blick – wenn auch müde mit halb geschlossenen Augen –, den Sie dafür aus einem stoppeligen, zerknautschten Gesicht erhalten, vergessen Sie den ganzen Tag nicht mehr. Und er vergisst auch Sie den ganzen Tag nicht mehr – trotz Stress im Büro oder wenn ihn die nette Sekretärin wieder mit den Augen anklimpert.

Überhaupt sollten Sie daran denken, dass Kaffee das Leben verlängert. Er beugt nämlich Gallensteinen vor, fördert Aufmerksamkeit, Gedächtnisleistung, fängt freie Radikale ein und erhöht ganz nebenbei die Fruchtbarkeit! Wenn das keine Argumente sind ...

Ihr Kaffee ersetzt ihm sogar oft schon das Frühstück. Er sollte es aber nicht. Männer neigen dazu, morgens ohne etwas zu essen zur Arbeit zu stürzen. Bringen Sie ihn in die Spur, indem Sie auf einem Frühstück bestehen. Ein Gemeinsames. Und wenn schon Frühstück, dann auch das Ideale: Manche schlagen sich den Bauch voll, andere hungern. Beides ist falsch. Denn ein leichtes Frühstück regt den Stoffwechsel an, und der Organismus kann überflüssiges Körperfett leichter abbauen – der Körper startet prima in den Tag.

Sie beide sollten morgens vor allem langsam verdauliche Kohlenhydrate, die etwa in Vollkornbrot oder Müsli enthalten sind, essen. Das macht schneller satt, der Körper wird gleichmäßig über Stunden mit Energie versorgt. Sie beide werden vor Kraft strotzen!

Vollkornprodukte mit Kohlenhydraten und Ballaststoffen, bestrichen mit einem fettarmen Brotaufstrich wie Quark oder magerem Käse und ergänzt mit Obst, Gurken oder Tomaten, ergeben ein ebenso ideales Frühstück. Auch Marmelade und Honig dürfen es ruhig mal sein. Kleine Sünden verzeiht der Körper. Beim Müsli sollten Sie unbedingt darauf achten, dass nicht zu viel Zucker drin sind. Wozu Zucker, wenn es Obst dazu gibt? Schnippeln Sie ins Müsli, was Ihr Obstkorb hergibt: Äpfel, Bananen, Birnen, Trauben, Kiwis, Orangen, Erdbeeren. Irgendetwas davon sollten Sie im Haus und im Müsli haben. Falls Ihnen morgens die Zeit dazu fehlt, können Sie das Obst am Abend vorher vorbereiten.

Ein Blick auf die Angabe der Inhaltsstoffe lohnt sich, damit Ihr Mann keinen Bauch kriegt und Sie Ihre Figur halten: Viele Müslis sind echte Kalorienbomben, und Sie möchten doch beide attraktiv füreinander bleiben.

Sie sollten zum absoluten Wohlbefinden bitte nur eins nicht vergessen: Der erste kurze Blick in den Sport- und Wirtschaftsteil der Zeitung gehört morgens ihm. Es ist nämlich nicht besonders angenehm, morgens während der Fahrt zur Arbeit oder im Fahrstuhl auf Neuigkeiten angesprochen zu werden, und der Gegenüber merkt dann schnell, das man von gar nichts weiß.

Noch ein größeres Problem als die Zeitung: Wem gehört das Bad? Selig sind diejenigen, die zwei besitzen. Denn laut der Gesellschaft für Konsumforschung verbringt jeder Deutsche rund 36 Minuten pro Tag im Bad.

Also: Ja, in Ordnung, Ihnen gehört das Bad. Erst mal. Ihr Mann versucht ja ohnehin noch im Bett, seinen Kreislauf mit dem von Ihnen liebevoll gebrachten Kaffee in Schwung zu kriegen. Aber irgendwann wird's dann zeitlich vielleicht eng. Unterschätzen Sie nie die Zeit, die auch ein Mann morgens im Badezimmer benötigt. Allein schon für ein unblutiges Rasieren, das intensive Duschen, vielleicht föhnt er sich sogar die Haare, wenn er noch genug besitzt oder sie gar lang trägt. Also geben Sie ihm ebenfalls ein paar entspannte Minuten, ohne Druck auszuüben.

Denn rund zwei Minuten pro Morgen, zusammen eine Stunde pro Monat, benötigt ein Mann für seine Rasur, also einen halben Tag pro Jahr. Verschwendete Zeit irgendwie, die ist schon frustrierend genug.

Am Arbeitsplatz

Zwar war da am Morgen der Kaffee, aber schicken Sie ihm ruhig zwischendurch eine SMS. Es ist die technische Segnung der Moderne.

Denn es bleibt dabei: Männer quatschen nicht gern, sie lieben noch weniger das Säuseln, und schon gar nicht sagen sie im Beisein von Kollegen ein gehauchtes »Ich liebe dich« oder ein geknurrtes »Ja, ich dich auch« ins Schreibtischtelefon. Das ist neben der fristlosen Kündigung der Super-GAU, der Albtraum schlechthin, den ein Mann am Arbeitsplatz erleben kann.

Es fällt Männern generell schwer, über Gefühle zu plaudern. Sie handeln lieber. Während der Arbeitszeit können sie aber nichts tun, und öffentliche private Gespräche stehen überhaupt ganz oben auf dem Index. Ihnen gelingt es vielleicht, am Handy über Privates zu sprechen, aber Ihr Mann trifft so maximal Verabredungen.

Wie aber soll er vor lauter bekannten aufgestellten Ohren darüber plaudern, wie toll er Sie als Ehefrau findet, dass Sie überhaupt das Beste sind, was ihm in seinem Leben passieren konnte, soll er die vergangene Nacht noch einmal mit Worten Revue passieren lassen – und wollen Sie wirklich, dass dabei alle mithören und auch noch das intime »Ich liebe dich« mitbekommen? Nein, Ihr Mann muss nicht noch einmal in aller Öffentlichkeit bestätigen, was Sie längst wissen! Das alles gehört in den wirklich privaten Bereich und niemals in die Öffentlichkeit gezerrt!

Verliebt hin oder her: Das Grinsen und Feixen der Kollegen würden ihn nicht nur den ganzen Tag verfolgen, sondern auch in der Nacht und an den nächsten Tagen. Bei jedem Klingeln des Telefons wird er in Zukunft in Panik ausbrechen und Sie verfluchen. Das wollen Sie ja nicht, denn Sie lieben ihn und wissen, dass er Sie liebt!

Und wenn Sie es trotzdem sooo gerne nochmal hören wollen, dann verlegen Sie sich lieber aufs Absenden und Lesen. Denn eine SMS per Handy ist unverfänglich; sie kann dazu poetisch und romantisch sein, zumal Sie von Ihrem Ehemann nach der Hochzeit nicht mehr allzu viele Briefe erhalten werden.

Außerdem, auch wenn er es nie zugeben wird: Männer mögen es, eine Liebes-SMS zu erhalten. Es gibt ihnen ein Gefühl der Bestätigung, der Sicherheit.

So nicht!
Nur ein paar hässliche Wörter sollten ein Tabu sein. Etwa solche wie »Schatz«, »Pummelbär«, »Mäuseschwänzchen«. Schatz ist leider tatsächlich der beliebteste Kosename für Männer in Deutschland. Dahinter folgen Hase, Bärchen und Hasi. Fürchterlich!

Noch etwas sollten Sie unbedingt vermeiden: den Besuch an seinem Arbeitsplatz. Da kann es schon mal vorkommen, dass sein Chef keinen Spaß versteht. Denn Ihr Vorbeikommen lenkt ab, es kostet letztlich Arbeitszeit. Nicht nur bei Ihrem Mann, sondern auch bei allen Kollegen, die nun natürlich neugierig hinüberschielen, um sich einen Eindruck von der Gattin zu machen: Wie sieht sie aus, schön oder hässlich, passt sie zu ihm?

Ihr Erscheinen könnte bei Ihrem Mann auch ein Gefühl des Überwachtwerdens auslösen. Und mancher Kollege wird ihn nun für jemanden halten, der unter dem Pantoffel steht. Überlegen Sie, ob ein Besuch wirklich nötig ist. Wenn Sie wirklich dringend etwas absprechen müssen, etwa, ob er vielleicht das Auto aus der Werkstatt abholen kann, weil man Ihnen für 17 Uhr noch einen Termin aufs Auge gedrückt hat, dann sollten Sie das lieber telefonisch tun. In diesem Fall dürfen Sie natürlich kurz mal anrufen.

Tun Sie ihm also den Gefallen und meiden Sie die Firma außer zu offiziellen Einladungen.

Im Grunde gibt es nur eine Ausnahme: Sie sind in der Firma bestens bekannt. Denn Sie und Ihr Mann haben sich dort kennengelernt. Unwahrscheinlich? Nicht doch!

Laut der Gesellschaft für Erfahrungswissenschaftliche Sozialforschung haben oder hatten 21 Prozent der arbeitenden Bevölkerung zwischen 18 und 60 Jahren eine Affäre am Arbeitplatz. Über ein Drittel, 38 Prozent der Büroromanzen, endeten gar in einer echten Beziehung. Außerhalb der Firma, also diejenigen, die sich über eine Agentur, in der Kneipe, in der Disco, im Freundeskreis gefunden haben, schafften das lediglich 17 Prozent.

Was Ihr Mann Ihnen in jedem Fall hoch anrechnen muss: Als verheirateter Mann kann er besser mit chronischem Stress am Arbeitsplatz umgehen. Für geschiedene Männer verdoppeln dagegen die ständige berufliche Belastung und die Trennung das Risiko, einen frühen Herztod zu erleiden oder an einer anderen Ursache zu sterben. Also tun Sie Ihrem Mann den Gefallen und bleiben Sie immer mit ihm verheiratet. Er ist ohnehin schon einem viel größeren Risiko ausgesetzt als Sie! Denn Männer haben statistisch gesehen deutlich öfter Arbeitsunfälle als Frauen. Sagt die »Arbeitsunfallstatistik im öffentlichen Dienst«. Das Verhältnis liegt bei 61 zu 39.

Endlich Feierabend

Er kommt nach Hause. Geschafft. In jeder Beziehung. Fordern Sie nicht gleich Zeit für sich ein. Ihr Mann benötigt einen längeren Augenblick zum Abschalten, muss erst mal durchpusten. Bombardieren Sie ihn auch nicht gleich mit Problemen, er wird Ihnen gar nicht richtig zuhören.

Das ist gar nicht mal böse von ihm. Er kann vielleicht nicht anders.

Ihr Mann ist also einfach müde, er hat vielleicht einen Stresstag im Job gehabt. Vielleicht möchte er loswerden, dass ein Geschäftsabschluss nicht richtig geklappt hat, der Neue das bessere Büro erhalten hat, er immer die Schmutzarbeit übernehmen muss. Hören Sie nur einfach zu, bestätigen Sie ihn, mehr braucht es nicht, um den Abend harmonisch beginnen zu lassen.

Vielleicht haben Sie ihm deshalb einfach seinen Lieblingscocktail oder einen von Ihnen selbst kreierten gemixt, nachdem Sie sich in der einschlägigen Literatur (siehe Literaturverzeichnis!) dazu schlaugemacht haben.

Es sollte aber nichts Süßes sein, Grundbasis des Getränks können eigentlich nur Martini, Whisky, Rum, Gin, Tequila, Wodka sein, wenn Ihr Mann normal tickt, natürlich nicht alles zusammen.

Sie meinen, er mag tendenziell nur Bier? Sie täuschen sich vielleicht. Denn statistisch gesehen ziehen Männer tatsächlich Wein, Cocktails oder Schnäpse dem Glas Bier vor. Solch ein Cocktail hat sogar in der Serie »Dallas« meist geholfen, einen Fiesling wie J. R. Ewing fröhlicher zu stimmen. Da Sie ja aber mit einem Typen wie Bobby verheiratet sind, sollte bei Ihnen daheim nun das absolute Wohlfühl-Klima herrschen – egal, wie der Tag für ihn auch lief.

Wohlfühl-Abend!
Kleiner Tipp für einen Cocktail, der vielleicht Ihnen beiden schmeckt, erfunden von Charles Schumann, dem legendären Barbesitzer aus München: 3 cl Gin, 1 cl Zitronensaft, 1 Teelöffel Zuckersirup mit Eis in einem Shaker mixen und in ein Champagner-Glas abseihen. Danach das Glas mit Champagner auffüllen.
Den können Sie dann auch mit auf die Couch nehmen oder gleich ins Bett. Ja, warum nicht? Mal so einen richtigen Gammel-Abend zelebrieren, der kann auch entspannen. Ein Drink, eine Kleinigkeit zu essen, danach ein gutes Buch – und schließlich ohne Stress wegdämmern und sich fit schlafen.
Genießen Sie das selbst und helfen Sie Ihrem Mann auch dabei. Entfernen Sie beide alles aus dem Schlafzimmer, was an Arbeit erinnert. Die Raumtemperatur sollten Sie auf 18 bis 20 Grad herunterdrehen. Wenn es zu kalt wird, kuscheln!

Heute mal Pascha

Was für ein Tag. Ausgerechnet heute kommt er später. Sie haben vielleicht selbst gerade nicht die beste Laune, weil Sie sich den Abend ganz anders vorgestellt haben. Nun können Sie die gekauften Kinokarten in die Tonne treten, den reservierten Tisch im In-Restaurant, auf den Sie so lange gewartet haben, abbestellen. Doch seien Sie sich einer Tatsache bewusst: Seine Laune ist auch nicht besser. Und da er so oft charmant den Retter spielt, retten Sie nun diesen verkorksten Abend.

Ihr Mann wird, wenn er nach Hause kommt, genervt sein, die Augen verdrehen – und großen Appetit haben.

So geht's
Sie hören also erst einmal zu, streicheln ihm über den Kopf, geben ihm nicht nur einen dicken Kuss, sondern in allen Klagen recht.
Weil Sie aber eine ganz besonders clevere Ehefrau sind, haben Sie die Wartezeit genutzt und sind in den Supermarkt geflitzt.
Zum Einkaufen. Eine Wahnsinnsidee? Geradezu absurd? Nein, ein besonders gutes Beziehungstraining.
Was war noch einmal sein Lieblingsbier? Welche Wurst mag er gern? Oder doch lieber Käse? Und das Brot? Wie war das, damals, als Sie ihn kennenlernten, was stand da eigentlich im Kühlschrank seiner Junggesellen-Bude außer der sauer gewordenen Milch und der angebrochenen Ravioli-Dose von der Tankstelle, was befand sich von alledem davon später in Ihrem gemeinsamen Kühlschrank?
Sie schieben also Ihren Einkaufswagen durch die Regale, schwelgen in Erinnerungen und langen zu. Dieser Abend wird der schönste seit langer Zeit werden, unvergesslich. Er denkt, die liebste Ehefrau der Welt zu haben. Und Ihr Mann hat recht. Heute darf er sich als Pascha fühlen.

Das ist an sich nicht schlimm, wenn er nicht verlangt, dass nun jeden Abend ein Bier auf dem Tisch steht, und erwartet, dass Sie ihm vorgewärmte Pantoffeln in den Flur stellen.

Das war schließlich nicht Ihre Absicht, oder? Wo er Ihnen doch versprochen hat, dass Sie sich eigentlich bei ihm immer als Königin fühlen dürfen. Es ist ein Geben und Nehmen. Heute sind Sie dran mit Geben, morgen wieder er.

Wochenende: Shopping oder Fußball?

Herrlich: Samstag, der erste komplett gemeinsame Tag in der Woche. Sie sind glücklich – und wundern sich, warum Ihr Mann seit dem Aufstehen schlechte Laune hat.

> **So nicht!**
> Könnte sie vielleicht daherrühren, dass Sie bereits seit Tagen von dem Einskaufsbummel erzählen und der Jeans, die Sie sich neben anderen Dingen kaufen möchten? Er weiß nun, dass dieser Tag der blanke Horror wird.
> Eine Studie von der Universität Eichstätt-Ingolstadt behauptet zwar, dass nur die Hälfte aller Frauen Wert darauf legt, von ihren Männern beim Einkaufen begleitet zu werden, aber fast alle Männer scheinen das Gefühl zu haben, zu eben dieser Hälfte zu gehören.
> Und Frauen scheinen auf der anderen Seite zunächst einmal die Tatsache zu ignorieren, dass die Citys in Deutschland am Samstag überquellen vor Menschen.
> Wenn Sie selbst in der Stadt wohnen, warum gehen Sie mit Ihrem Mann dann nicht einfach abends los? Die Öffnungszeiten machen es möglich, nur das Kaufverhalten hat sich scheinbar wenig verändert.
> Nein, es muss der Samstag sein.
> Also quetschen Sie sich und Ihr missmutiger Gatte durch die Menschenmassen und landen im ersten überfüllten Geschäft mit zu wenig Umkleidekabinen. Es beginnt für Ihren Mann der zweite finstere Teil dieses Tages.

Seien Sie ehrlich: Wann haben Sie als Frau auf Anhieb eine passende Jeans gefunden? Im günstigsten Fall befinden sich nur die Taschen zu tief, erfahrungsgemäß wirft die Hose an den unmöglichsten Stellen Falten, oder sie sitzt einfach schlecht. Simpel ausgedrückt: Die Auswahl an Stoffen und Schnitten ist viel zu groß und zu unübersichtlich für einen einzigen Einkaufstag.

Das alles weiß Ihr Mann. Und darum geht es ihm gar nicht gut, wenn er mit Ihnen Boutique um Boutique, Kaufhaus um Kaufhaus abklappern muss, während zeitgleich der Knaller-Spieltag der Bundesliga läuft.

Sie werden das Gesicht Ihres Mannes, das analog mit den Stunden der vergeblichen Suche immer miesepeteriger wird, eigentlich nicht länger ertragen können. So etwas ist leicht kontraproduktiv. Auch für den Einkauf.

So geht's: Jedem das Seine

Ihr Mann lässt Sie weiter Ihre Runden in den Reservaten der Damenwäsche drehen, und Sie erlauben ihm dafür, die nächste Kneipe mit dem Pay-TV aufzusuchen, um Fußball zu gucken.

Am Ende haben beide etwas davon: Sie sind glücklich. Um 17.15 Uhr enden die Spiele – und vielleicht haben Sie bis dahin auch Ihre Jeans oder noch mehr gefunden. Zeit also genug, den Sieg seines Lieblingsklubs und auch Ihr Erfolgserlebnis mit einem Glas Sekt zu begießen, um anschließend glücklich den Heimweg anzutreten. Sie werden bemerken: Ihr Mann trägt Ihnen nun sogar mit einem Grinsen im Gesicht die Einkaufstaschen.

Glauben Sie es oder nicht: Nicht nur Sie, auch Männer hören gern Komplimente, wenngleich sie das seltener zugeben. Der Kölner Mediziner und Psychotherapeut Dr. Dr. Herbert Mück sagt: »Mit Komplimenten sollte man nie geizen. Denn man selbst wird dadurch nicht ärmer, die zwischenmenschlichen Beziehungen dagegen an Freude und Intensität reicher. Als Faustregel hat sich bewährt, nicht zu Bett zu gehen, bevor man nicht wenigstens drei Komplimente erteilt hat.«

Haben Sie's getan?

Also los! Sagen Sie ihm, dass er heute besonders toll aussieht. Fragen Sie ihn, ob er abgenommen hat. Männer kämpfen genauso oft wie Frauen mit ihrem Gewicht, auch wenn sie nicht gleich in Panik geraten, falls die Waage ein oder zwei Kilogramm zu viel anzeigt. Nur sechs Prozent aller Männer gaben bei einer Umfrage der Gesellschaft für Konsumforschung an, in den letzten zwei Jahren ernstlich über eine Gewichtsreduzierung nachgedacht zu haben. Doch ein beginnender Bauchansatz greift natürlich schon ein bisschen das Selbstvertrauen an.

Noch mehr gilt das für immer weniger werdende Haare auf dem Kopf. Für viele Männer gleicht Haarausfall dem Verlust der eigenen Potenz. »Männer mit Glatze erscheinen anderen weniger vorteilhaft als Männer mit vollem Haar«, sagt Dr. Roland Henss, Psychologe an der Universität Saarbrücken. Das hat für ihn vielleicht historische Wurzeln, falls Ihr Mann an die Geschichten in der Bibel glaubt. In einer verlor Samson seine übermenschliche Kraft, als man ihm die Haare abschnitt. Die Hälfte der Männer über 20 Jahren muss damit rechnen, Haare zu lassen – und beim Verarbeiten dieses Schicksals braucht der Mann Trost von Ihnen! »Der Verlust der Haarpracht ist psychisch besonders belastend, wenn er bereits in jungen Jahren einsetzt«, sagt Henss.

> **So nicht!**
> Er braucht Hilfe in Form von Komplimenten. Nennen Sie ihn also jetzt nicht unbedingt mein großer Bär (in Sachen Bauch) oder mein kleiner Kojak (in Sachen Haare). Das steigert kaum das Selbstwertgefühl. Oder hören Sie es gern, wenn er schnalzend hervorhebt, dass die neue Jeans ganz schön Ihren großen Hintern betont?

Betonen Sie im Gegenteil, dass sein Aftershave und sein Eau de Toilette klasse duften. Flöten Sie ihm beim Weggehen am Morgen ins Ohr, dass die vergangene Nacht wunderschön gewesen ist, auch wenn er sich nach dem Sex sofort ratzend auf die Seite gerollt hat, der Schuft.

So schlimm kann es trotzdem nicht sein, etwas Nettes zu sagen, oder? Vor der Ehe konnten Sie es schließlich auch. Gut, da wollten Sie ihn becircen, ihn an sich binden. Das ging gleich nach dem Kennenlernen los. Doch glauben Sie nicht, dass er als Ihr Ehemann nun keine Komplimente mehr benötigt. Zum einen hat er sich daran gewöhnt und wundert sich vielleicht, dass nun gar nichts mehr kommt. Das schafft unbewusst eine ziemliche Unsicherheit. Zum anderen hört er es einfach gern, ganz einfach.

Vielleicht oder gar sicher ist bei solchen Komplimenten hier und da eine klitzekleine Lüge dabei, aber er wird alles glauben und darum nicht nur an diesem Tag, sondern insgesamt auch mit Ihnen viel glücklicher durchs Leben gehen.

Geschenke und Überraschungen

Es ist Weihnachten, und Sie überreichen ihm eine Krawatte oder Socken. – Aufwachen! Es war zum Glück nur ein Albtraum. Sie können zwar nicht die Zukunft vorhersagen, aber an diesem Punkt wäre Ihnen klar: Das war's mit Ihrer Ehe. Wer so phantasielos schenkt, dem fehlt die Leidenschaft, überhaupt das Sich-Gedanken-machen-über-den-Partner.

»Ein Geschenk ist genauso viel wert wie die Liebe, mit der es ausgesucht worden ist«, sagte die französische Schriftstellerin Thyde Monnier.

Es kann also durchaus etwas Kleines sein, etwas Nettes, etwas, das zeigt, dass Sie sich Gedanken gemacht haben. Hauptsache, es steckt eine Idee dahinter.

Damit Sie nicht verzweifeln: Krawatten und Socken sind durchaus in Ordnung als Geschenk, in der Tat so eine nette Idee – aber nur für zwischendurch! Sie sehen beim Stöbern im Kaufhaus einen edlen Seidenbinder, der ihm total toll stehen würde? Kaufen Sie ihn. Fünf paar schwarze Socken im Sonderangebot, er braucht sicher ein paar neue für seine Business-Anzüge? Nehmen Sie die Dinger mit.

Es sind Aufmerksamkeiten, die ihm sagen, dass Sie auf ihn achten, an ihn denken. Natürlich sollten Sie Ihrem Mann nicht das Gefühl vermitteln, dass er in der letzten Zeit wie der letzte Schlampsack herumläuft.

Schenken Sie ihm auch kein Eau de Toilette, außer dem, das er ohnehin benutzt oder von dem Sie wissen, dass er es mag? Ihr Mann könnte das durchaus schön finden. Etwas, was Sie gern schnuppern?

So geht's!
Aber Sie können ihn auch mal richtig schwer überraschen. Sie sind mit Ihren Freundinnen unterwegs, er kommt von der Arbeit, ist abends allein, und für ihn läuft plötzlich alles schief, als er fröhlich mit seinem Bier auf der Couch sitzt. Das Fußball-Länderspiel ist abgesagt, im Fernsehen kommt sonst nur Müll wie irgendwelche drögen Filmchen mit den immer wieder vorhersehbaren Familienkatastrophen samt abschließendem Happy End oder, noch schlimmer, ein schlapper Aufguss der Volksmusik mit den üblichen abgehalfterten Gestalten.
Ihr Mann wäre jetzt sehr verzweifelt, hätten Sie ihm nicht etwas hinterlassen. Zum Beispiel findet er auf dem Tisch eine DVD, der neueste James Bond möglicherweise. Den haben Sie beide im Kino leider verpasst, weil Sie komischerweise immer Ausreden gefunden haben. Kein Wunder: Zwar hätte Ihnen ein Blick auf den knackigen Body und den Hintern von Daniel Craig schon gefallen, doch ansonsten zwei und eine halbe Stunde Pokern und Ballerei anzuschauen, das ist nicht so Ihr Ding. Aber das Ihres Mannes. Und seien Sie sich sicher: Wenn Sie vom Freundinnentreff nach Hause kommen, ist er nicht nur gerührt, sondern Sie werden wie der Bond-Martini geschüttelt werden – liebevoll und vor lauter Dankbarkeit.

Was macht diesen Bond nach mittlerweile 21 Filmen für Ihren Mann so faszinierend? Bei einem James-Bond-Kongress haben sich in Paris 40 Wissenschaftler weltweit darüber beraten.

Er ist unerreichbar, einer, wie Ihr Mann vielleicht sein möchte, es aber nie werden kann. Außer in seinen Träumen, doch wer kann die schon bestimmen? Schöne Frauen, dickes

Spesenkonto, überhaupt Geld ohne Ende, Luxus – aber auch Patriotismus und einen Hang zum Hedonismus.

200 Millionen Bond-Bücher wurden seit dem Erscheinen des ersten Bandes von Ian Fleming verkauft. »Casino Royale«, der letzte Film der Serie, scheint der größte Kassenschlager überhaupt zu werden. Über vier Milliarden Euro spielten die Filme ein. Klares Urteil der Wissenschaftler übrigens: Bester Bond aller Zeiten ist Sean Connery. Das dürfte auch Ihnen gefallen. Oder besser gesagt: ihm. Nummer zwei immerhin schon Neu-Bond Daniel Craig, noch vor Pierce Brosnan und Roger Moore.

Gut. Mögliche Alternativen für Ihren Mann: ein Bruce-Willis-Film oder einer mit Jack Nicholson oder der legendäre »Fight Club« mit Brad Pitt und Edward Norton. (Die Herren sind im Übrigen auch ganz ansehnlich und könnten Sie für einen Filmplot entschädigen, der Ihnen vielleicht nicht ganz so liegt … – Nur für den Fall, dass Sie den Filmabend gemeinsam gestalten.)

Falls es Ihr Budget zulässt, gibt es für gemeinsame Abende natürlich auch ein paar kostspieligere Möglichkeiten, um Ihren Mann zu verzaubern: Liebe geht durch den Magen!

Für den französischen Soziologen Jean-Claude Kaufmann von der Pariser Sorbonne kommt das Essen gefühlsmäßig fast nach dem Sex: »Ich will nicht sagen, dass es genau gleichwertig ist, weil Sex noch zentraler in einer Beziehung wirkt. Aber man kann sagen, dass ein gemeinsames Essen zu den stärksten Momenten in einer Beziehung gehört.« Also: Ihr Mann kocht gern, er hockt bei jeder auch nur halbgaren Küchen-Show vor der Glotze? Zeigen Sie ihm, was die Meister des Fachs in der Realität so draufhaben. Sagen Sie ihm, er solle sich am Abend nichts vornehmen, und dann entführen Sie ihn in ein Sterne-Restaurant. Das wird ihn begeistern.

Nicht nur weil es schmeckt und es eine ganz neue Erfahrung für seinen Gaumen ist. Er erkennt, dass Sie das Leben mit ebenso großer Freude genießen wie er, dass Sie ein Genussmensch sind. Und Ihr Mann wird nun mit Sicherheit alles daransetzen, sein eigenes Niveau in der Küche noch zu steigern. Die Einladung ist also alles andere als Ihr Schaden.

Sie haben kein Sterne-Restaurant in der Stadt? Kein Problem, aber nochmal ein bisschen teurer: Schenken Sie ihm doch einen Kochkurs bei einem Meisterkoch mit gleichzeitiger Übernachtung. Noch besser, Sie begleiten ihn einfach dabei. Nach dem Motto schlemmen und schmusen.

Überhaupt, Wochenende: Er sträubt sich gegen das Wellness-Hotel, in dem Sie schon immer mal relaxen wollten? Laden Sie ihn ein, dann muss er mit. Zuerst wird er das widerwillig tun, doch erst einmal da, kommt schnell der Spaß in der Sauna oder im Fitnessraum oder beim Lesen der Bücher, in denen er schon so lange nicht mehr geschmökert hatte, weil die Zeit fehlte. Bei der Abreise wird er genauso traurig sein wie Sie, dass dieses Wochenende nun vorbei ist. Es wird nicht lange dauern, bis er mit Ihnen da unbedingt wieder hin möchte.

Es geht natürlich auch spektakulärer. Flüge sind heutzutage spottbillig, Hotelzimmer gibt es in allen Großstädten am Wochenende zu akzeptablen Preisen. Also legen Sie ihm am Donnerstag die Tickets auf das Kopfkissen und sitzen am Freitagabend im Flieger.

Wohin? Zu den interessantesten Metropolen in Europa. London oder Paris zum Beispiel.

Alternativ dazu gibt es noch Geheimtipps, Städte, an die Sie vielleicht nicht sofort gedacht hätten, die aber wunderschön sind für Verliebte und bei Ihrem Mann einen bleibenden Eindruck mit erhöhtem Sehnsuchtsfaktor hinterlassen könnten.

Wien sollte dazugehören, was aber letztlich Ihnen überlassen bleibt. Doch Sie könnten einen Besuch in der Oper organisieren, in der Kapuzinergruft mit den Gräbern von Österreichs Kaiserinnen und Kaisern vorbeischauen, vielleicht fahren Sie beide Riesenrad im Prater, genießen die Restaurants und Cafés und den Schmäh. Abends dann verschlägt es Sie beide zu den Heurigen am Rand der Stadt, und Sie blicken auf das erleuchtete Wien in seiner Schönheit und mit dem Stephansdom in der Mitte hinab. Spätestens jetzt wird er Ihnen wahrscheinlich sagen, dass Sie die Liebe seines Lebens sind. Wenn nicht, dann haben Sie statt eines Romantikers vielleicht einen erwischt, der nicht gern viele Worte macht.

Barcelona wäre noch ein Vorschlag. Oder es verschlägt Sie an den Rand Europas, nach Lissabon und an Portugals raue Küste im Norden, wo man hinaus auf Meer blickt und Sie beide ehrfürchtig wissen: unendliche Weite, das nächste Land ist Amerika.

Tun Sie ihm und sich den Gefallen: Auch Männer träumen gern und lassen sich dazu verwöhnen. Aber Sie wissen natürlich am besten, was er mag. Schließlich lieben Sie ihn und er liebt Sie.

Geben und Nehmen

Eine Umfrage des Finanzdienstleisters »Virgin Money« unter 1000 Menschen hat ergeben, dass sie mitnichten das Weihnachtsgeschäft nur dazu benutzen, um ihre Lieben zu beglücken. Nein, fast die Hälfte kauft sich selbst ein Geschenk, etwas, das sie schon immer haben wollten.

Es kann etwas Kostbares sein oder auch nur ein Gebrauchsgegenstand. Es gibt ein paar Dinge im Leben, die muss auch Ihr Mann sich selbst besorgen, nicht nur die Socken.

So nicht!
Der größte Fehler ist: Sie schenken ihm ein Eau de Toilette, das er noch nicht kennt. Sicher, Sie haben es lieb gemeint, und Sie fanden auch, dass dieser Duft ganz herrlich zu ihm passen würde. So ein bisschen Moschus und Amber mit Zimtnote stände Ihrem Mann ganz sicher phantastisch. Doch vielleicht funktioniert sein Geruchssinn ganz anders, und er fühlt sich jetzt mit gereizter Nase als ganz grässlich. Die Empfindungen sind hier einfach unterschiedlich.

Es sei natürlich, Sie haben im Bad gemerkt, dass sich sein Duftwasser dem Ende zuneigt. Ihm da ein neues Fläschchen zu kaufen, ist wirklich eine besonders liebenswerte Geste. Falls Sie mit seinem Eau de Toilette partout nichts anfangen können: Sie müssen es ihm nicht unbedingt ins Gesicht sagen. Lassen Sie Ihren Mann in einer Parfümerie ein bisschen schnüffeln und merken Sie sich, was ihm gefällt.

Vergessen Sie eines nie: Riechen müssen Sie sich in Zukunft weiterhin beide.

Da Ihr Mann über die Phase des Taschengelds hinaus sein dürfte, sollten Sie auch bereit sein, ihm die kleinen Extravaganzen zu gönnen, die er mehr für sich braucht statt für den gemeinsamen Haushalt. Ein Computer gehört dazu. Glauben Sie nicht, dass der vernünftigerweise nur dazu angeschafft wurde, um die Steuererklärung zu machen. Auch erwachsene Männer besitzen einen ausgeprägten Spieltrieb.

Auch heute also haben Schillers Worte ihre Bedeutung: »Um es einmal herauszusagen, der Mensch spielt nur, wo er in voller Bedeutung des Wortes Mensch ist, und er ist nur da ganz Mensch, wo er spielt.« In die Sandkiste kann Ihr Mann ja wohl kaum noch gehen, also sucht er sich etwas anderes.

Wenn alle zusammenlegen, ist zum Geburtstag vielleicht auch mal ein neuer schicker Laptop für ihn drin. Und lassen Sie Ihren Mann mal hinabtauchen in eine Phantasiewelt, wo er ein anderer sein kann als daheim. Die paar Stunden, in denen Sie auf ihn verzichten müssen, sind es allemal wert. Er wird rundherum glücklich sein; zumal wenn er gerade die Welt gerettet hat, wenn auch nur virtuell. Ist es nicht schön, zu wissen, dass Sie mit einem Superhelden verheiratet sind, und das gar im richtigen Leben?

Ihr Superheld hat vielleicht auch ein paar Superwünsche, an die Sie nicht einmal im Entferntesten denken würden. Weil Sie vernünftig denken wie eine Frau, Ihr Mann aber eben wie ein Mann. Umgekehrt würde es ihm niemals in den Sinn kommen, sich einen Goldring mit Diamanten zu wünschen – wie Sie es vielleicht tun.

Also: Ist Ihnen vielleicht mal aufgefallen, wie sehnsüchtig er auf der Straße einem Ferrari hinterherschaut? Es scheint, als können Männer – nicht nur Ihr Traumexemplar – das Röhren des Auspuffs und das Dröhnen des Motors dieses Wunderwerks der Technik über Kilometer hören, ohne dass das Auto auch nur annähernd in Sicht sein muss. Es scheint eine besondere Beziehung zu sein.

Warum schenken Sie ihm keinen Ferrari? Klar, Ihnen fehlt wie ihm das nötige Kleingeld, sonst würde schon längst einer in der Garage stehen. Doch der Wunsch muss nicht unerfüllbar bleiben, gönnen Sie Ihrem Mann für einen Moment das Gefühl, wie es ist, mit fast 300 km/h über den Asphalt zu brettern.

Ferraris kann man mieten. Für den normalen Straßenverkehr oder aber für das Fahren auf einer Rennstrecke. Das ist gar nicht mal so teuer, aber Ihr Mann wird Ihnen dieses Geschenk niemals vergessen.

Andere Möglichkeiten für Freaks: Bagger fahren oder sogar Panzer! Ja, auch die sind zu mieten, um damit durchs Gelände zu brettern. Das ist allerdings etwas für ganz spezielle Vorlieben.

Bemühen Sie Ihre Phantasie. Ihr Mann läuft jeden Tag wie ein Verrückter, weil es ihn doch noch gepackt hat und er spät im Leben seinen Marathon schaffen möchte. 42,195 Kilometer, Sie denken, er spinnt? – Dann hat er das mit vielen gemeinsam. Laufen boomt seit Jahren, immer mehr Laufwettbewerbe haben einen Startstopp, weil selbst bei 40 000 Teilnehmern noch einmal genauso viele teilnehmen möchten.

Also tun Sie das, was er Ihnen nie vergessen wird. Sie motivieren Ihren Mann nicht nur, sondern melden ihn zu einem der schönsten Marathons an. Das kostet nur die Startgebühr und beschert Ihnen wie auch Ihrem Mann ein unvergessliches Wochenende.

Wo soll es hingehen? Tipps: Hamburg, Berlin, Wien gehören nicht nur zu den schönsten Städten, sondern auch der Marathon ist attraktiv, weil die Strecken durch die interessantesten Ecken der Städte führen.

Sie mögen es etwas exklusiver, es soll etwas ganz Besonderes sein? Auf nach New York am ersten Sonntag im November! Die Starterlaubnis bekommen Sie dort nur über eine Pauschalreise, das ist nicht ganz billig. Aber wer weiß, vielleicht lohnt sich die Investition auch für Sie gleich mit?

Denn es ist kaum anzunehmen, dass Ihr Mann, falls er das Ziel erreicht, gleich den nächsten Flieger heimwärts nimmt. Ein paar schöne gemeinsame Herbsttage in einer tollen Stadt, das wär doch was! Und: Einmal ausgetobt vom Lauf, ist er in den nächsten paar Tagen froh, wenn er sitzt. Im Museumscafé beispielsweise oder in einer ruhigen Ecke bei Sak's, während Sie sich in Ruhe umsehen und anprobieren können.

Und wie ist es mit Ihren eigenen Wünschen bestellt? Erstaunliches an Wünschen förderte eine Umfrage des Kreditkartenunternehmens »Visa« unter 855 Deutschen, die in einer Beziehung leben, zutage.

Nur sieben Prozent der befragten Frauen sehnen sich am Tag der Verliebten, dem Valentinstag, nach teurem Schmuck. Ganz oben auf der Hitliste der beliebtesten Geschenke steht ganz simpel der Kuss: Fast die Hälfte der Frauen würde sich über einen Kuss von ihrem Liebsten am meisten freuen. Mehr als vierzig Prozent wünschen sich ein romantisches Essen, das ihr Partner selbst mit Liebe zubereitet hat. Hoch im Kurs stehen bei den Frauen auch eine Massage oder eine leidenschaftliche Nacht. Gleich darauf folgen materielle Wünsche wie ein Essen im schicken Restaurant oder Blumen. Laut Diplom-Psychologin Dr. Eva Wlodarek handelt es sich vor allem um die Wiederentdeckung der Romantik: »Natürlich ist an allem etwas dran – wir sind meist gestresst und haben wenig Zeit für Zärtlichkeit und Romantik. Morgens ein flüchtiger Abschiedskuss und abends eine schnelle Pizza sind da eher die Regel. In unsicheren Zeiten erscheint es außerdem vernünftig, mit teuren Präsenten etwas zurückhaltender zu sein.« Vielleicht verlassen Sie sich einfach auf das überraschende Element.

Kurz und gut:

- Verwöhnen Sie Ihren Mann ruhig ein bisschen am Morgen, damit er in Schwung kommt, und schenken Sie ihm am Abend zur Entspannung ruhig einen Cocktail ein, es kann auch ein alkoholfreier sein.

- Schicken Sie ihm eine liebe SMS, aber kommen Sie ihn nicht einfach so im Büro besuchen.
- Auch Ihr Mann freut sich über Komplimente!
- Verblüffen Sie Ihren Mann, er hat es genauso verdient wie Sie: mit einem Geschenk, einem Wellness-Weekend, einem Kurztrip in Europa.

»Die Frau von heute ist modern und gleichberechtigt, na klar. Aber sie muss es ja nicht immer sein: Lassen Sie ihm aber genügend Freiräume – und sich selbst auch!«

Der Ehe-Knigge

Ein Geheimnis ist ein Geheimnis ist ein Geheimnis

Ur- und Frühgeschichte

Auf bestimmte seiner Eigenarten können Sie sicherlich gern verzichten. Nur darf sich niemand komplett verändern, warum auch, denn Sie haben ihn so kennengelernt und sich in ihn verliebt, wie es seiner Natur entsprach. Was sagte schließlich schon die große Marlene Dietrich?

»Die meisten Frauen setzen alles daran, einen Mann zu ändern, und wenn sie ihn dann geändert haben, mögen sie ihn nicht mehr.«

Sein Junggesellen-Leben ist zwar endgültig vorbei, den Abschied davon hat er am Vorabend Ihrer Hochzeit ausgiebig mit seinen Kumpels gefeiert. Natürlich weiß Ihr Mann, dass für ihn nun eine neue Phase des Lebens beginnt. Mit Ihnen im Mittelpunkt. Dass aber gleichzeitig der ganze Rest verschwindet, davon können und dürfen Sie nicht ausgehen.

Wichtig für ihn werden immer noch seine Kumpels sein. Mit denen ist er schon immer durch dick und dünn gegangen, mit ihnen besitzt er unzählige Erinnerungen, ist mit ihnen gestählt durch schwere Bierschlachten und diverse Erlebnisse. Die Sie bestimmt niemals alle erfahren werden! Ihr Mann ist in jedem Fall ein Geheimnisträger. Allein schon gegenüber seinen Freunden.

Sicher, die Dinge, die jeder zugibt, die werden Sie hören. Die Schulstreiche, das Schwänzen im Café, das Klettern über verbotene Zäune, das Frisieren der Mofas, die wilden Kellerfeten als Pubertierende bei Klassenkameraden, deren Eltern zum Glück am Wochenende verreist waren, der erste Rausch mit billigem Rotwein. Bei anderen Dingen stoßen Sie auf eine Mauer des Schweigens!

Je älter die Mitglieder der Clique Ihres Mannes wurden, desto mehr Dinge haben sie auch erlebt, die sich vom Aushecken kindlichen Unsinns abheben. Exzessive Nächte im Vollrausch gehören dazu, sexuelle Beziehungen, die vielleicht nicht immer ganz der gängigen Moral entsprachen, kleine und große Katastrophen wie das Hausverbot in der Lieblingskneipe.

Bei diesen Themen merken Sie, dass Ihr Mann und seine Freunde Ihnen gegenüber dichtmachen, wenn sie denn in Ihrer Gegenwart überhaupt je auf die wichtigen Dinge der Vergangenheit gekommen sind.

Sie haben das Gefühl, irgendwie ausgegrenzt so sein? Das Gefühl trügt Sie nicht, Sie sind es!

Ihr Mann und seine Kumpels sind schon als Kinder Blutsbrüder geworden und haben sich geschworen, immer zusammenzuhalten. Dazu gehört auch, keine Geheimnisse preiszugeben.

Ihr Mann wird es Ihnen erzählen, wenn er meint, dass Sie

etwas erfahren müssten. Über ihn. Aber niemals wird dabei auch nur einer seiner Kumpels in Mitleidenschaft gezogen, selbst wenn Sie schon gern wissen möchten, was damals in der lauen Sommernacht so alles nach dem Schützenfest passiert ist. Das ist keine Beleidigung oder Unfairness Ihnen gegenüber, sondern eine Pflicht, die Ihr Mann gegenüber seinen Freunden hat.

Hand aufs Herz: Verraten Sie alles, was Sie und Ihre Freundinnen so alles getrieben haben? Nein, Ihr Mann erfährt es auch nicht. Jedenfalls nicht alles. Es ist im Übrigen auch anzunehmen, dass Ihre Freundinnen Ihnen an die Gurgel gehen würden, wenn Sie etwas aus der Vergangenheit berichten, wo sie sich alle geschworen haben, dass nichts, aber auch gar nichts an andere Ohren dringt.

Vielleicht ist da ja auch etwas passiert in dieser lauen Sommernacht nach dem Schützenfest, von der man sich heute noch Legenden erzählt, aber niemand so genau weiß, was damals eigentlich geschehen ist.

Alles müssen Sie nicht wissen. Kleine Geheimnisse machen Ihren Mann vielleicht sogar interessanter.

Die Vorgänger

Als er Sie zum ersten Mal mit Ihren Freundinnen erlebt und den Erzählungen der Vergangenheit gelauscht hat, haben ihm die Ohren geschlackert: Sie waren nie ein Kind von Traurigkeit. Ex-Freunde pflastern Ihren Weg.

So nicht!
Viele von Ihren Ex-Freunden hängen immer noch an Ihnen wie die Kletten. Warum auch nicht, Sie sind eine attraktive Frau, und jedem dürfte es nach der gescheiterten Beziehung schwergefallen sein, auch nur ansatzweise adäquaten Ersatz zu finden.
Darauf ist Ihr Mann sogar ein bisschen stolz.
Schließlich darf er sich als Gewinner fühlen, irgendwie. Ihr Mann hat offenbar mehr als Ihre Ex-Freunde. Er sieht entweder besser aus, ist witziger, netter, erfolgreicher, mit ihm macht es im Bett mehr Spaß oder alles zusammen. Da wird ihm der arme Tropf, der Ihnen ewig nachtrauert, sogar schon ein bisschen leidtun. So weit funktioniert Männer-Solidarität nun doch noch, dass Ihr Mann den Ehemaligen nicht vollends verteufelt, sondern sogar ein gewisses Verständnis für sein hartnäckiges Dranbleiben entwickelt.
Weniger glücklich ist Ihr Mann, dass Sie sich immerzu weiter – ständig also! – mit Ihren Ex-Typen treffen, die in seinen Augen ja eigentlich Verlierer sind.
Er fragt sich: Wieso mögen Sie jetzt plötzlichen kalten Kaffee?

Ex ist ex. Wenn die Kerle tatsächlich bis in alle Ewigkeiten an Ihnen hängen, sollten Sie die Herren spätestens jetzt dezentbestimmt darauf hinweisen, dass Sie verheiratet und damit endgültig vergeben sind!

Selbst wenn seine zunehmende Eifersucht völlig grundlos ist, so irritiert es Ihren Mann doch, wenn sich die Ex-Freunde ständig bei Ihnen ausquatschen, wenn Sie permanent etwas mit ihnen unternehmen sollen. Und: Die Jungs wollen mit

Ihnen sicher nicht nur flippern oder ein Bierchen zischen. Davon weiß er selbst ein Liedchen zu singen, so weit kennt er sich in der Psyche seiner Geschlechtsgenossen immerhin aus. Dazu haben die Kerls eigentlich aber ihre Freunde.

Ihr Mann gewinnt jedoch den Eindruck, dass die Geschichte so ganz abgeschlossen doch nicht ist, auch wenn Sie das für sich längst getan haben. Aber vielleicht reizt Sie ja auch das mögliche Begehren der Ehemaligen.

Immerhin gaben 20 Prozent der Deutschen zu, sie hätten sich mindestens einmal mit einem Ex-Partner oder einer Ex-Partnerin eingelassen. Etwas mehr als 70 Prozent sind dagegen noch nie rückfällig geworden

Von denjenigen, die schon ein- oder mehrmals Sex mit dem Ex hatten, nannte fast die Hälfte gegenseitige Anziehungskraft als Hauptgrund.

Aber Sie sind ja schlau und machen diesen Fehler nicht! Lassen Sie die Vergangenheit ruhen und machen Sie Ihren Ex-Freunden klar, dass die Zeit mit ihnen zwar ganz nett war, es aber nun andere Prioritäten gibt, zu denen sie nicht mehr gehören.

Falls Sie dafür keinem wehtun möchten: Nehmen Sie Ihren Mann zum nächsten Treffen einfach mit. Sie werden sehen, was so ein Gespräch von Mann zu Mann bewirken kann.

Es ist kaum anzunehmen, dass die beiden sich von Anhieb oder im Verlauf des Abends verstehen. Beste Freunde dürften sie niemals werden. Im Normalfall jedoch müssten die Ex-Freunde den Kontakt zu Ihnen drastisch reduzieren und Ihren Mann weniger nerven. Versprochen.

Wenn Sie die Vergangenheit nun glücklich abgeschlossen haben, öffnet sich ein neues Kapitel, womöglich mit einem neuen Namen.

Wenn es für Sie und Ihren Mann nie zur Diskussion stand, dass Sie beide nach der Hochzeit seinen Nachnamen tragen, sind Sie ab dem Tag X Frau A statt Frau B. Sie melden sich um. Beim Einwohnermeldeamt, beim Arbeitgeber, diversen Versicherungen, dem Vermieter, der Bank, bei Vereinen und so weiter. Und keiner fragt weiter nach, ist ja auch logisch und traditionell, aha, geheiratet, Namen geändert, prima.

Es geht aber auch anders. Sie können beispielsweise beide Ihren Nachnamen führen. Dann muss sich Ihr Mann überall ummelden. In dem Fall aber fragen alle nach. Wieso denn das? Sie müssen auch mit viel Getuschel seiner Verwandtschaft rechnen. Die fragen sich vielleicht, warum Ihnen deren Namen nicht gefällt. Es sei denn, sein Nachname ist beispielsweise Taugenichts. Dann entfällt von Ihrer Seite die Begründung. Lebenslang zum Narren müssen Sie sich nicht machen, Ihr Mann wird Ihre Entscheidung verstehen; und vielleicht war er auch aus dem Grund ganz froh über die Hochzeit, weil er nun mit Ihrem Namen durchs Leben spaziert und nicht mehr dem Spott am Arbeitsplatz oder sonstwo ausgesetzt ist. Außerdem können Ihnen unbelehrbare Angehörige, die sich an überholte Traditionen klammern, schnurz sein.

Doppelnamen sind weiterhin in Deutschland möglich. Allerdings nur für einen von Ihnen beiden. Und: Ein Doppelname darf nicht mehr an Kinder weitergegeben werden. Für den Fall, dass Sie sich für einen Doppelnamen entscheiden, müssen Sie sich auch für einen einzelnen Nachnamen für Ihre Kinder entscheiden, den sogenannten Familiennamen.

Das Beibehalten des Namens macht es aber auch nicht in jedem Fall einfacher, sorgt jedoch gern für Gesprächsstoff und vielleicht auch seltsame Blicke. So wie der höhnische Augenaufschlag der üblichen Bekannten, der entweder suggeriert: »Ach, ich denke, du hast geheiratet« oder aber »oh, du bist schon wieder geschieden«.

Und Sie müssen bei unterschiedlichen Namen selbstverständlich damit leben, dass Sie im Hotel, im Restaurant, im Urlaub, eigentlich bei allen Dingen, die Sie gemeinsam unternehmen, stets mit dem Nachnamen Ihres Mannes angesprochen werden. In den Köpfen hat sich längst nicht durchgesetzt, was erlaubt ist, und wird so schlicht selten in Erwägung gezogen: dass Sie als Ehepaar unterschiedliche Namen tragen.

Sie müssen sich nun selbst fragen, wie groß Ihre Toleranz ist, ob Sie darauf beharren, anders genannt zu werden, oder aber ob Sie nonchalant darüber hinwegsehen, statt jedes Mal große Diskussionen zu führen. Der arme Kerl an der Rezeption hat es vielleicht nie anders gelernt. Für ihn haben Sie als Frau denselben Namen. Und wenn der Kellner an Ihren Tisch kommt, hat er sich stilsicher bei der Reservierung den Namen Ihres Gatten gemerkt – unter dem Sie auch firmieren, wenn er Sie nach Ihrem Nachtisch-Wunsch fragt. Neue Gesetze benötigen manchmal viel Zeit, bis sie in den Köpfen ankommen.

Sie bekommen womöglich auch Einladungen. Nur in Ihrem engsten Verwandten- und Freundeskreis wird man wissen, dass Sie und Ihr Mann mit unterschiedlichen Nachnamen durch die Welt gehen. Also seien Sie nicht sauer, wenn Sie zu anderen Hochzeiten mit dem Namen Ihres Mannes oder eben als Herr Dingsda und Frau eingeladen werden. Umgekehrt wissen Sie, dass es sich – falls man Sie mit Ihrem korrekten Namen eingeladen hat – um perfekte Gastgeber handeln muss, die sich vorher richtig Gedanken gemacht und informiert haben.

Unterschiedliche Namen bergen noch ein paar andere schwerwiegendere Fallen. Bei Kindern zum Beispiel.

Ihre Sprösslinge tragen Ihren Namen und nicht den des Vaters? Okay, prinzipiell können Kinder damit gut leben. Schließlich werden sie zu Beginn ihres Lebens selten mit dem Nachnamen konfrontiert. Den hören sie meist nur einmal bei der Anmeldung in der Kinderkrippe und dann wieder in der Schule, dazwischen vielleicht noch bei Untersuchungen, wenn die Arzthelferin nach dem reservierten Termin sucht und den Nachnamen benötigt. Aber spätestens der Onkel Doktor redet Ihr Kind wieder mit dem Vornamen an. Bei Kindern unter sich zählt ohnehin nur der oder eine Abwandlung davon, manchmal heißt es auch schlicht: »Ich spiele jetzt mit dem Jungen da.«

Komplizierter wird die Sache aber bei einer ganz banalen Sache wie einem Flug ins Ausland. Mann und Kind fliegen von Köln nach Spanien, Sie aber sind für einen Tag bei der neunzigjährigen Tante Klara in Frankfurt gewesen und fliegen von dort aus. Als Ihr Mann und Ihr Kind aber vor der Passkontrolle stehen, ist es schon wieder vorbei mit dem Urlaub.

Denn jedes Land hat unterschiedliche Einreisemodalitäten, und selbst die Ausreise kann schon Fallen bergen. Nicht zu Unrecht werden Beamte an der Grenze oft misstrauisch, wenn Väter allein mit Kindern reisen. Handelt es sich hier um einen einfachen Urlaub oder um eine Kindsentführung, um der Mutter so gesetzwidrig das Sorgerecht zu entziehen?

Am besten also, man hat vorher ein juristisch verwertbares Formular aufgesetzt, das bestätigt, dass Sie mit der Reise und dem Urlaub voll und ganz einverstanden sind. Denn im Pass ist nicht vermerkt, dass Sie und Ihr Mann glücklich verheiratet sind. Es mag sich wie eine vernachlässigbare Kleinigkeit anhören, aber viele Reisen sind unter Ärger und Tränen eben schon daran gescheitert.

Im zunehmenden Alter Ihrer Kinder könnten dann auch bei denen Irritationen auftauchen. In Sachen Identität zum Beispiel. So ganz verstehen es manche nicht, dass ein Elternteil nicht ihren Namen trägt. Aber nach einer Erklärung über den Grund der Namenswahl sollte dieses Problem geklärt sein. Schließlich haben Sie sich ja bei der Hochzeit etwas dabei gedacht, dass Sie Ihren Namen behalten und den dann auch Ihren gemeinsamen Kindern gegeben haben.

Gesetzlich wäre es übrigens auch möglich, dass die Kinder ihren Namen später wieder wechseln.

Finger weg vom Werkzeug

Und das neue Klingelschild soll jetzt nach der Hochzeit auch an die Tür. Sie kennen sich aus, denken Sie? So ein Loch in die Wand zu bohren ist für Sie ein Klacks. Ach ja?

Hand aufs Herz: Wer hat in Ihrer ersten Wohnung, in der WG, die Löcher gebohrt, die Lampen angeschlossen oder die Waschmaschine zum Laufen gebracht? Die Erfahrung des Lebens sagt: Es war der Vater, der Freund oder irgendein Freund.

Emanzipation hin oder her: Männer, auch Ihrer nicht, lassen sich die handwerklichen Hausarbeiten nur ungern nehmen. Sie wollen auch nicht so schnell Witwer werden. Haben

Sie eine Ahnung, wie das hinter Ihrer Wohnzimmerwand mit elektrischen Leitungen, Verteilerdosen und Steckdosen zusammenhängt? Wenn Sie jetzt nicht sofort »Natürlich!« sagen können, nochmals die Bitte: Finger weg von der Bohrmaschine, es sei denn, Sie möchten hoch aufgeladen von der Leiter fliegen.

Ihr Mann, sofern handwerklich begabt, wird neben seiner Bohrmaschine auch einen Werkzeugkasten besitzen. In dem wirklich alles, auch wenn es nicht so aussieht, an seinem Platz liegt. Also fummeln Sie nicht darin herum, wenn Sie – warum auch immer – einen Schraubenzieher suchen sollten; und bringen Sie auch nicht die ausgefeilte Ordnung der Schrauben und Nägel durcheinander.

Der Werkzeugkasten ist quasi die Handtasche des Mannes. Sie möchten doch auch nicht, dass er darin rumkramt und zwischen Lippenstift und Puderdose herumfingert.

Gemeinsam ausgehen

Sie sind eine tolle Frau, er liebt Sie, und er schmückt sich deshalb auch mit Ihnen. Ihr Mann genießt die gemeinsamen Auftritte, führt Sie auch gern aus.

Welches Restaurant?

Sie lieben den Italiener mit seinem zuvorkommenden Kellner, der so herrlich devot um Sie herumscharwenzelt und in dem die Pasta so lecker ist. Oder diesen neuen vegetarischen Laden mit dem 1a-Brokkoli-Auflauf. Ihr Mann macht das natürlich mit. Einmal, zweimal, wenn er hart im Nehmen ist auch das dritte Mal hintereinander. Doch spätestens da verkrampft sich sein Magen, und der Appetit lässt nach. Wenn Sie Pech haben, sogar auf Sie.

Männer essen anders. Im Biergarten bestellt er Hähnchen mit Pommes und ein Weißbier, Sie den Salatteller mit Putenbrust und Mineralwasser. Sein Teller ist nach neun Minuten leergeputzt, während Sie noch Ihre Blätter aufpieksen. Und als Sie weiter am Wasser nippen, schleppt er schon das zweite Weißbier-Glas an.

Der jüngste Bericht der Deutschen Gesellschaft für Ernährung zeigt, dass Frauen deutlich häufiger nach Obst und Gemüse greifen. Männer dagegen bevorzugen Fleisch, Wurst, Alkohol. »Das kräftige Zubeißen in eine fette Haxe oder ein großer Schluck direkt aus der Bierflasche sind Verhaltensweisen, die die Männlichkeit unterstreichen. Besonders ältere Männer sehen außerdem Rüben, Karotten oder Mais immer noch als Viehfutter an«, sagt die Diplom-Ernährungswissenschaftlerin Alexandra Krotz.

Nur jeder fünfte Vegetarier in Deutschland ist ein Mann. Wie wäre es also, wenn Sie ihn zur Abwechslung in ein Steakhaus begleiten? Gut möglich, dass Sie nicht so auf Fleisch stehen, aber es gibt dort Alternativen wie Salate oder Folienkartoffeln. Ihr Mann wird es Ihnen ewig danken. Vielleicht einigen Sie sich ja auch auf ein gemeinsames Restaurant, das Sie beide glücklich macht. Ein Thailänder zum Beispiel. Da kommt jeder auf die Kosten, und schön scharf kann die Sache auch werden.

Sie werden sehen: Beim nächsten Mal erträgt er ganz entspannt selbst den Anblick von jeder Art von Gemüse, mit dem sich Männer immer noch sehr schwertun, obwohl es gesund ist.

Doch in Vergleichs-Umfragen kommt immer wieder heraus: Essen am Wurststand bevorzugen drei Viertel aller Männer, aber nur ein Viertel der Frauen. Einen vegetarischen Imbiss steuern freiwillig nur 39 Prozent der Männer an, dafür 61 Prozent der Frauen.

Irgendwie liegen Männern Fleischgerichte also näher. Helene Karmasin vom Wiener Institut für Motivforschung hat sogar eine Begründung dafür gefunden. Das blutige Stück Fleisch markiere »angeblich die Überlegenheit des Menschen gegenüber der Natur, die er sich durch Aggression untertan gemacht hat. Auch wenn die wenigsten Männer der Welt ihr Fleisch noch selbst erlegen müssen, auch wenn es nicht mehr ums nackte Überleben, sondern um einen gefüllten Bauch geht: Das Gefühl von Macht bleibt. Bei jedem Bissen.«

Übrigens: Wenn es warm wird, schmeißen in Deutschland 82 Prozent der Männer den Grill an. Das Brutzeln am Feuer hat schließlich etwas Archaisches. Und schmecken tut es erst recht, was Ihr Mann da so über dem Feuer zaubert. Finden Sie als Frau bestimmt auch – und fressen ihm quasi aus der Hand.

Dresscodes

Selbstredend wissen Sie, dass es absolut unangebracht ist, zu einer Beerdigung im bunten Frühlingskleid zu erscheinen. Natürlich besitzen Sie auch so viel Stil, zum Opernball den Hosenanzug im Kleiderschrank zu lassen. Sie sind ja nicht doof. Doch es kann einfach mal passieren, dass es Fehlgriffe in der Garderobe gibt.

Damit das nicht passiert, hier ein kleiner Überblick über die Floskeln, die auf Einladungen gern unter dem Stichwort Dresscode vermerkt sind. In den wenigsten Fällen schreiben die Gastgeber wirklich deutlich, was sie erwarten, vielfach wird es englisch verklausuliert.

Was bei Firmenfeiern oder Messefesten oft vorkommt, ist »Come as you are«. Das ist kein Problem für den, der in einer Bank arbeitet und nach Feierabend direkt zur Feier geht. Gefragt ist hier also Kostüm oder Hosenanzug, Rock und Bluse oder Bluse und Hose – aber bitte keinesfalls Jeans! Und zwar auch am Wochenende. Dieselbe Bedeutung haben die Begriffe »Smart Casual«, »City chic« und »Business Attire«.

Bei großen Gartenfesten heißt es oft »Holiday Chic«. Denken Sie bei »Holiday« jetzt bitte nicht an Ibiza, Flatterhemden und Holzketten! Gemeint sind eher Long Island und Martha's Vineyard, Urlaub wie bei Kennedys. Im Klartext also lässig, aber ordentlich, schick, aber eher wenig nackte Haut.

Mehr Haut darf bei »Cocktail« gezeigt werden – im kleinen Schwarzen. Daher schreibt so mancher auch »LBD« für Little Black Dress.

Und falls doch mal etwas schiefgelaufen ist und Sie zur Dinnerparty Ihres oder seines Chefs aufgetaucht sind wie zur Gartenparty? Wenn Sie in Leinenklamotten inmitten von ganz in schwarz gekleideten Gästen stehen, begleitet vom kopfschüttelnden Gemurmel der anderen. Sollten Sie nun gehen?

Verlassen Sie sich auf Ihr Gespür. Sie merken, wenn Sie den Widerwillen der Gastgeber erregen und schleunigst verschwinden sollten. Vielleicht haben Sie noch einen Rest von Glück und wohnen um die Ecke, um das Malheur mit der falschen Kleidung auf die Schnelle auszubügeln. Schlüpfen Sie schnell in die richtige Kleidung und tauchen Sie erneut zur Party auf. Die förmliche Erklärung für Ihren Fauxpas reichen Sie einen Tag später schriftlich nach. Per Post selbstverständlich, indem Sie sich für die phantastische Party bedanken und nebenbei für Ihren unmöglichen Auftritt entschuldigen. Das muss sein. Aber keine Bange: Gekündigt werden kann deshalb niemandem, vielleicht sieht der Boss Sie beide nun aber leider mit anderen Augen.

Möglicherweise haben Sie aber auch ganz viel Glück. Ihre Gastgeber nehmen die ganze Geschichte mit Humor und Sie merken, dass Sie weiterhin herzlich willkommen sind. Natürlich werden Sie diesen Abend kaum richtig genießen können. Blicke der anderen Gäste werden weiterhin auf Ihnen lasten, und so richtig wohl fühlen Sie und Ihr Mann sich bei der ganzen Veranstaltung natürlich erst recht nicht mehr. Augen zu und durch, es gibt schlimmere Momente im Leben. Verlassen Sie die Party früher, aber nicht so zeitig, dass es auffällt. Zu Ende sollten Sie schon noch essen, die Zigarre danach darf für Ihren Mann ruhig auch noch drin sein.

Und eins ist klar: Sie werden abgeholt! Sie sind Ehefrau und erwachsen, keine fünfzehn mehr. Wenn Sie ordentliche Schuhe tragen, will sagen: hohe, sind keine längeren Wanderungen drin und kein Sprint zur Straßenbahn, das müssen Sie Ihrem Mann klarmachen. Er holt das Auto bis vor die Tür, das gehört dazu.

Ebenso gehört es dazu, dass Sie Ihre Garderobe auf Tauglichkeit überprüfen. Es kann ja sein, dass Sie den kurzen Rock, überhaupt eines Ihrer Lieblingsstücke, immer noch große Klasse finden. Klar, in Ihrer stürmischen Vergangenheit haben Sie damit alle Blicke auf sich gezogen. Das hat Sie gefreut – nur ist der bei der Feier zur Konfirmation Ihrer Nichte vielleicht das falsche Outfit, auch wenn die Männer weiterhin Stielaugen kriegen. Und falls Sie sich beim Essen dann hinsetzen und jeder die Farbe Ihres Slips erkennen kann, wissen Sie, dass Sie garantiert zu scharf angezogen sind.

Seien Sie sicher: Männer haben oft ein Gespür für das richtige Aussehen ihrer Partnerin. Fragen Sie Ihren Mann also ruhig schon bei der Anprobe daheim, ob er Ihr Kleid in Ordnung findet. Sagt er »Ja«, ist alles okay. Natürlich findet Ihr Mann sie supersexy und Sie dürfen ruhig auch so aussehen, aber falls Sie übertreiben, wird er das schon anmerken. Instinktsicher. Schließlich möchte er Sie tendenziell nicht den ganzen Abend gegen gierige Männer verteidigen müssen. Ein bisschen Eifersucht spielt da schon mit.

Ihr Mann wird Ihnen auch sagen, dass ein Kleid einfach nicht mehr passt. Sicher, nach Ihrem ersten Baby möchten Sie so gern wieder in den tollen Fummel schlüpfen, der Ihnen vor der Schwangerschaft so gut gestanden hat. Nun zieht es sich zwar ein bisschen, aber was soll's, finden Sie. Es schlägt Wellen wie die Nordsee bei Windstärke zehn, und an der Seite droht es zu bersten wie ein Deich, findet Ihr Mann. Vertrauen Sie ihm und lassen Sie das Kleid noch ein paar Wochen im Schrank. Er meint es ja nicht böse, wenn er Bedenken hat, dass Sie in diesem Outfit auf einer Veranstaltung erscheinen. Er möchte Sie nur ein bisschen schützen.

Umgekehrt dürfen Sie das auch. Sicher haben Sie keinen Deppen zum Mann genommen, der zum dunklen Anzug weiße Tennissocken trägt. Ein bisschen Hilfe darf aber schon sein.

Sie dürfen ihm ruhig die Krawatte rauslegen, die Ihnen so gut gefällt. Das zeigt Ihrem Mann: He, sie macht sich Gedanken um mich und will, dass ich auch gut aussehe. Vielleicht reden Sie ihm auch die Sportschuhe zum Anzug aus; eine Kombination, die einige immer noch für hipp und total chic halten. Und Sie sollten gemeinsam darauf achten, dass Sie nicht beide in schrillen Farbkombinationen auftauchen. Sie in Gelb, er in Grün, das passt nicht unbedingt. Zumal Sie ja davon ausgehen können, dass Sie bei Partys gelegentlich doch nebeneinander stehen oder sitzen.

So viel zum Thema Ihres Auftritts bei Einladungen – aber wie sieht es eigentlich aus, wenn Sie der Gastgeber sind?

Toleranz und Großzügigkeit sind immer am besten. Eine falsche Kleiderauswahl hat noch niemanden getötet.

Verpatzter Auftritt

Sie haben sich so auf die Party gefreut, sich extra über eine Stunde aufgebrezelt. Und nun das: Ihr Kerl torkelt wie ein Skipper vorm stürmischen Kap Hoorn mit der Krawatte auf Halbmast durch die Gästeschar.

Na und? Nun müssen ja nicht gleich alle Mann und vor allen Dingen Sie von Bord. Versinken Sie vor Scham nicht im Boden oder sonstwo. Leider kommt es in den besten Familien vor, dass mal jemand über die Stränge schlägt. Bei Männern kommt es sogar ziemlich häufig vor. Sie sollten es von der heiteren Seite nehmen und sich sagen, was für einen lustigen Kerl Sie da geheiratet haben, der auch mal fünfe gerade sein lässt und sich prächtig amüsieren kann.

Und, mal ganz im Vertrauen, waren Sie nicht auch schon mal mächtig beschwipst beim Sektfrühstück?

Also nehmen Sie ihn als Stütze in den Arm und beweisen ihm, was für ein toller Typ er trotzdem ist. Selbst wenn Ihnen bereits vor der Nacht graust, wo er schnarchend neben Ihnen liegt.

Es gibt natürlich Ausnahmen, wo Sie null Toleranz zeigen dürfen. Etwa, wenn er betrunken andere Frauen anbaggert, sich knutschend mit der Gastgeberin verzieht, sich im Gäste-WC für alle sichtbar übergibt oder auf jeder Party stets sturzbetrunken bis zum Filmriss ist und langsam zum Gespött Ihres Bekanntenkreises wird.

Dann muss er vielleicht noch nicht ein Kandidat für die

Anonymen Alkoholiker sein, aber er ist in jedem Fall ein Kandidat für ein ernstes Gespräch mit Ihnen. Wenn Sie es vernünftig anstellen und ihm konkret erzählen, was Sie stört und wie schlecht Sie sich fühlen, dann wird er seine Fehler einsehen.

Welcher Film?

Großes Kino vor großer Leinwand. Und dann geht der Ärger wieder los: Sie und Ihr Mann können sich nicht auf einen Film einigen.

- Weshalb nur favorisiert eine Frau tendenziell diesen bulgarisch-finnischen Autorenfilm mit Untertiteln, während der Mann einfach knallharte Action sehen möchte?
- Warum ist für die Frau ein Schmacht-Epos mit einer Romanze so wichtig, während der Mann schwer beeindruckt ist von der Anzahl der mit Schüssen niedergestreckten Protagonisten?
- Wieso lässt Sie die von ihm begeistert erzählte Tatsache kalt, dass der Film den Oscar für die besten Tricks erhalten hat, ihn wiederum Ihre Frage, ob er die Hauptdarstellerin denn hübsch finde?

Meistens machen die Frauen alles mit. Kino ist aber kein Vergnügen mehr, wenn der eine Partner missmutig seine Karte kauft, obwohl er weiß, dass er sich in den kommenden Stunden furchtbar langweilen wird.

Also sollten Sie und Ihr Mann den Konsens suchen. Und zwar rechtzeitig vorher: Das Kinoprogramm erscheint schon donnerstags in den Zeitungen, sie haben somit genug Spielraum, sich auf einen Film am Wochenende zu einigen. Zusammen sollten Sie mit Ihrem Mann schon mal gehen, denn Kino allein ist nur halb so lustig. Und dass Sie zu den Schmachtfetzen regelmäßig eine Ihrer Freundinnen mitnehmen, befriedigt auf Dauer auch nicht.

Ihr Mann wird es nie zugeben, darum quetschen Sie ihn dahingehend auch nicht aus: Er hält auch mal ganz gern mit Ihnen Händchen im Kino.

Das ist einmal verdammt schön mit Ihnen, und es erinnert ihn auch noch an früher, wo Sie beide heimlich im dunklen Vorführraum knutschten und fummelten. Das macht er heute auch ganz gern mit Ihnen.

Falls Sie und Ihr Mann wegen der gelegentlichen Uneinigkeit ein paar der besten Filme verpassen sollten: Wozu gibt es heute die DVD? Kurz nach dem Auslaufen kommen die besten Filme ohnehin auf der glänzenden Scheibe auf den Markt. Sie machen dann eben großes Heimkino. Auch wenn das nicht ganz so spektakulär ist wie vor der großen Leinwand im großen Saal.

Party bei uns

Es gibt schönere Momente am Morgen. Ihr Mann wacht auf, sein rechter Arm fühlt sich ebenso dick an wie sein Kopf. Und als er zur anderen Seite des Ehebetts blickt, so findet er sie leer. So langsam dämmert es ihm wieder, die Erinnerung kommt zurück: Ihre Party gestern ist in der Nacht eskaliert, und Sie haben sich mit Ihrem Mann total zerstritten.

So nicht!
Gibt's nicht? Gibt's doch! Wenn Sie sich über den Sinn der Party, die Gäste und das Drumherum nicht einigen können oder es gar nicht erst versucht haben. Organisation und Besprechung sind alles. Bei Ihrer Hochzeit haben Sie ja auch nichts dem Zufall überlassen!
Dabei hatten Sie ja eigentlich eine pfiffige Idee. Sommer, Sonne – das muss gefeiert werden. Leckere Cocktails sollte es geben, Caipirinhas satt. Doch gut geplant sieht anders aus.
Ihr Mann stand den ganzen Abend am Ice-Crusher und kurbelte wie verrückt. Man ahnt es ja nicht: So ein richtiger Caipirinha ist ziemlich zeitaufwändig in der Herstellung. Weitere Gefahr: Die Gäste und auch Ihr Gatte waren bei dem Hochprozentigen aus Brasilien schnell hinüber, zumal es auch keinen richtigen Nachschub beim Essen gab. Das Ausmaß des Desasters wurde Ihnen und Ihrem am Crusher zunehmend frustrierten Mann erst am Morgen bewusst.

Schöne Pleite. Also: Planen Sie vorher und beziehen Sie Ihren Mann mit ein.

Es ist durchaus kein Vorurteil, dass Männer gelegentlich andere Vorstellungen von Partys haben. Endlich einmal stimmt das Klischee so vieler Werbespots: Ein paar Kisten gekühltes Bier und ordentlich was auf dem Grill machen Männer durchaus glücklich. Mehr muss nicht sein, hier sind sie ganz Minimalisten. Das ist allerdings nicht unbedingt Ihr Traum von einem Fest.

So geht's!

Wenn es denn eine Cocktail-Party sein soll: Beschränken Sie sich auf ein paar Sorten Drinks. Caipirinha ist okay und wird immer gern genommen. Ist auch gar nicht schwer, wenn richtig eingekauft wird, sodass die Schwerstarbeit nicht bei einem von Ihnen hängen bleibt:

- bereits gepressten Limettensaft,
- die richtigen Früchte gibt's nur zur Dekoration,
- und vor allen Dingen fertig gecrushtes Eis.

Das kriegen Sie heutzutage in beinahe jeder ordentlich ausgestatteten Tankstelle und natürlich auch im Getränkeshop. Da müssen Sie ja ohnehin vorbei. Suchen Sie sich noch einen anderen Cocktail aus, vielleicht was Süßes oder Alkoholfreies, dazu natürlich viele Säfte und Wasser. Gekühltes Bier sollte auch genug da sein – denken Sie daran: Männer haben gern eine Flasche in der Hand.

Sie müssen es sich auch nicht nehmen lassen, eine Bowle anzubieten. War lange als Getränk aus der Mottenkiste verschrien, ist aber wieder schwer im Kommen. Es müssen ja nicht wie damals bei Oma Pfirsiche aus der Dose rein … – Mit frischen Erdbeeren: ein Hochgenuss. Überhaupt mit frischen Früchten.

Für Getränke und Eis haben Sie also gesorgt, besser schon am Vortag. Wer will am Morgen vor der Party noch rumhecheln und zu sehr schleppen? Sie werden als Gastgeber noch kaputt genug sein. Außerdem steht ja noch das Essen an.

Gesetz für eine Sommerparty ist der Grill. Kein Wenn und Aber. Das ist Sache Ihres Mannes, wobei er im Verlauf der Fete genug Hilfe erhalten wird. Jeder seiner Geschlechtsgenossen wird bei ihm vorbeischauen und fragen, ob er auch etwas brutzeln soll. Das scheint ein Gesetz von Feten zu sein. So wie sich drinnen die größte Gruppe in der Küche versammelt, so stehen draußen die meisten Männer um den Grill herum.

Aber nur Fleisch braten ist es allein ja nicht, das erkennt sogar Ihr Mann an. Auf den Grill passen auch Fisch und Gemüse, Folienkartoffeln sowieso. Den Rest müssen Sie besprechen.

Sie können es natürlich so wie in den guten alten WG-Zeiten halten und Ihre Gäste bitten, etwas zum Büfett mitzubringen. Nur sollten Sie das genau koordinieren, sonst stehen da nachher ein Dutzend Nudel- und Kartoffelsalate auf dem Tisch. Und mit dem üblichen richtigen Schlag Mayonnaise sehen die binnen kürzester Zeit draußen mehr als unappetitlich aus. Vom gesundheitlichen Aspekt mal ganz zu schweigen. Besser ist es ohnehin, dass Sie Ihren Gästen sagen, dass sie auf Mitbringsel verzichten sollen. Es ist Ihre Party, die sollten Sie mittlerweile auch allein schmeißen können.

Also machen Sie mit Ihrem Mann eine Liste: welche Salate, Käse dazu?, Brot, Obst. Planen Sie genug Zeit ein zum Einkaufen und Schnippeln, am besten teilen Sie sich auf. Glauben Sie, da gehen einige Stunden drauf.

Falls Sie genug Geld haben, können Sie die arbeitsintensiven Dinge natürlich auch von einem Catering-Service erledigen lassen. Pro Person dürfen Sie dann aber 20 Euro (Braten, Salate) bis 80 Euro (Hummer und ähnlichen leckeren Schnickschnack) einplanen. Und: Informieren Sie sich bei Bekannten oder Freunden genau, ob Sie schon mal etwas von dem Anbieter Ihrer Wahl geliefert bekommen haben, wie vertrauensvoll er ist. Erfahrungsgemäß sehen die Werbebilder meistens anders aus als das Original. Es wäre ein schönes Desaster, wenn Sie viel Geld bezahlen und Ihre Gäste hungrig und enttäuscht nach Hause gehen.

So nicht!
Sie planen eine Motto-Party wie Sommer + Sonne? Machen Sie es sich nicht zu einfach. Erwartungen sind schnell geweckt, aber umso schneller werden sie auch enttäuscht. Ihre toskanische Nacht wirkt etwas lächerlich, wenn der Pizzamann lediglich Jumbo-Packungen auf den Tisch stellt. Ein texanisches Barbecue nur mit Bratwürsten? Für Ihre Gäste sind Sie und Ihr Mann nun selbst welche. Ein Kostümball, bei dem Sie nur ein paar Ballons von der Decke hängen haben? Dieser Party geht schnell die Puste aus. Eine spanische Fiesta mit der schlauen Idee, Sangria aus Eimern zu trinken? Hasta la vista – Ihre Freunde und Bekannten sehen Sie so schnell nicht wieder.

Also verkaufen Sie in Sachen Party keine Mogelpackungen. Entweder Sie können es, oder Sie lassen es besser bleiben, wenn Sie nicht auf einer der professionellen Agenturen zurückgreifen wollen, die Ihnen jede Veranstaltung bis ins Detail organisieren. Eine Fete ohne Motto ist aber auch ganz schön. Natürlich müssen Sie sich und Ihr Mann auch Gedanken machen, welchen Typ Party Sie veranstalten. Im Garten ist die Sache – wenn gut organisiert – einigermaßen klar. Was passiert aber, wenn es just an diesem Tag wie aus Kübeln schüttet? Sind Ihr Haus, Ihre Wohnung eine Alternative? Passen da alle Eingeladenen rein? Klären Sie das vorher.

Anders sieht es aus, wenn Sie und Ihr Mann unterschiedliche Charaktere besitzen, Sie sich als Ehepartner zwar super ergänzen, aber in Detailfragen vielleicht etwas aneinandergeraten könnten.

Nur so ein Beispiel: Sie stehen auf riesige Partys mit allen möglichen Leuten, Ihr Mann hat es gern etwas gesetzter bei gutem Essen und Wein, mit anregenden Gesprächen und Diskussionen? Da ist es schwer, auf einen Nenner zu kommen. Eigentlich ist es ziemlich unmöglich, da ein Partner sich immer unwohl fühlen wird.

So geht's!

Am einfachsten: splitten. Da Sie es beide gern gesellig – wenn auch unterschiedlicher Art – mögen, lassen Sie es eben zweimal im Jahr bei Ihnen krachen. Sie bekommen Ihre Superparty mit allen Freunden und Bekannten, die Sie dabeihaben möchten. Mit Tanzen bis zum Umfallen, das macht immer wieder Spaß – und anschließender kleiner Renovierung Ihres Zuhauses. Ihr Mann dagegen lädt die Menschen, die ihm wichtig erscheinen, zu einer kleinen Runde ein. Er rettet mit ihnen (und natürlich auch Ihnen) am Esstisch bei einem Schluck Wein die Welt, diskutiert über Politik und Umwelt oder auch Sport. Was soll's. Hauptsache, jeder von Ihnen kommt auf seine Kosten. Sie müssen sich so nicht mühsam einen Kompromiss abringen, falls Sie unterschiedliche Interessen haben.

Auch nicht bei den Gästen. Zu einer Riesenparty können Sie so jeden einladen, auch wenn Ihnen der eine oder andere oder besonders der Partner einer Ihrer Gäste nicht so zusagt. Im kleinen Kreis ist das schon komplizierter, da ist die Auswahl entscheidender. Wahrscheinlich wird irgendeiner aus Ihrem Bekanntenkreis sauer sein, wenn er keine Einladung erhält, und sich dafür revanchieren. Tragen Sie es mit Fassung: Sie bestimmen allein, wen Sie um sich haben wollen.

Natürlich könnte es zwischen Ihnen als Ehepartner unterschiedliche Meinungen geben, wer zur Party kommen darf. Ihnen passt vielleicht seine ehemalige Klassenkameradin nicht, diese aufgedrehte Kuh, die, wenn sie betrunken ist, jeden anbaggert. Ihm wiederum ist dieser Schnösel aus Ihrer Firma suspekt, der mit seinem Geld prahlt und mit seinen angeblichen Abenteuern alle nur noch langweilt. Egal, jeder hat einen Platz auf der Party verdient, insofern es einer von Ihnen möchte. Der andere kann den unbeliebten Gast nach der Begrüßung einfach ignorieren. Das ist zwar nicht hundertprozentig höflich, aber müssen Sie immer korrekt sein? Das sollten Sie in jedem Fall Ihrem Partner gegenüber sein. Dazu gehört, dass Sie am Day After gemeinsam anpacken.

So nicht!
Kater hin oder her, eventuelle Müdigkeit: Rechnen Sie sich nicht gegenseitig vor, dass einer ja in der Vorbereitung mehr getan hat als der andere, und nun ist es mit dem Schmutz eben umgekehrt. Niemals!

Natürlich wird Ihr Mann alles andere als glücklich sein, wenn er am nächsten Tag aufräumen muss. Wer ist das schon, Sie vielleicht? Nein, Sie packt auch der Widerwille, wenn Sie morgens die Augen aufschlagen und daran denken, was Sie gleich erwartet: Essensreste en masse, Geschirr und Besteck, Gläser, ja jede Menge Gläser, dreckig wie nie, Flaschenberge, abgeschaltes Bier, verschmutztes Klo, Flecken auf Möbeln und Teppichen. Es gibt Gäste, die hinterlassen eine Schneise der Verwüstung.

Aber konzentriert angepackt, reduziert sich die Drecksarbeit für Sie auf ein Minimum, falls Sie nicht überhaupt in der glücklichen Lage sind, eine Putzfrau zu haben. Aber die wird kaum am Wochenende auftauchen, also müssen Sie selbst ran. Ein Problem?

> **So geht's!**
> Wie wäre es am nächsten Tag mit einer kombinierten Aufräum-Resteessen-Party? Vielleicht haben ja in der Nacht schon ein paar gute Freunde versprochen vorbeizuschauen, um beim Aufräumen zu helfen. Zwar wird da nur die Hälfte auftauchen und der Rest sich obskur entschuldigen, aber egal: Ratzfatz sind Sie fertig – und haben außerdem noch eine schöne kleine Nachfeier mit den treuesten Ihrer Freunde.

Das habe ich schon immer so gemacht

Sie haben sich in den Monaten und Jahren vor Ihrer Heirat sicherlich über Gott und die Welt unterhalten und meinten beide, Ihren Partner komplett zu kennen. Das entpuppte sich aber als Irrtum!

Schon beim Umzug in die erste gemeinsame Wohnung haben Sie überrascht entdeckt, was Ihr Mann da noch alles so hortet, sich aber so richtig Ernstes nicht dabei gedacht. Die längst abgewetzte Bettwäsche mit den Emblemen seines Lieblingsklubs, den Sie bisher gar nicht so richtig wahrgenommen hatten. Jede Menge alte Sportschuhe. Massig Videos, obwohl doch daheim nur ein DVD-Abspielgerät steht. Eigentlich überflüssiger Kram, von dem sich Ihr Mann nicht trennen mag. Muss er ja auch nicht.

Genauso wenig sollen Sie Ihre seit Ewigkeiten nicht mehr

getragenen Pullover, den alten Setzkasten oder auch die fast haarlosen Plüschtiere aus Ihrer Kinderzeit wegschmeißen. Sie beide haben das Recht, an ihren Erinnerungen zu hängen. Aber hängen Sie sie nicht ins Wohnzimmer, sondern packen Sie beide Ihre Memorabilia in den Schrank.

Auch bei ein paar anderen Gewohnheiten müssen Sie sich umstellen, wenn Sie erst zur Hochzeit in eine gemeinsame Wohnung ziehen.

So nicht!

Die Klassiker natürlich: Sie machen Ihre Maniküre im Wohnzimmer, Zahnpasta-Tuben sind nicht zugedreht, Klamotten liegen rum, Ihre vor Wochen gekauften Joghurtbecher im Kühlschrank stehen kurz vorm Auseinanderfliegen.

Alles harmlos, er soll sich nicht so aufregen? Gut, dann bleiben eben seine rasierten Bartstoppeln getrocknet im Waschbecken, seine Haare verstopfen regelmäßig das Abflusssieb der Dusche, die schwitzigen Sportklamotten werden ungeniert in die nächstbeste Ecke gefeuert, seine liegen gelassene Leberwurststulle fängt an, sich von allein zu bewegen.

Kleine Eigenarten kratzten während des Alleinlebens niemanden. Und geben Sie's zu: Wenn Ihr zukünftiger Mann Sie in Ihrer alten Wohnung besucht hat, haben Sie ja auch alles aufgeräumt, um möglichst einen perfekten Eindruck zu hinterlassen. Auch wenn Sie scheinbar zu den Gewohnheitstieren gehören: Nehmen Sie weiterhin Rücksicht, bevor es zum unnötigen Kleinkrieg kommt, der Ihnen und ihm die Laune vermiest.

Ständige Unzufriedenheit kann bereits die gezündete Lunte sein, durch die Ihre Ehe – wenn nicht sofort, dann vielleicht erst später – explodiert. Ihr Mann wird sein Missfallen zunächst nicht groß verbal darbieten, so sind sie nun mal, die Männer. Aber er wird Ihnen durch kleine Reaktionen zu verstehen geben, dass ihm etwas nicht passt. Indem er etwa Ihren Krempel unwirsch beiseiteräumt. Sie müssen nun gar nicht groß diskutieren. Er hat recht. Umgekehrt hätten Sie es auch.

Toleranz von Marotten

Sie haben es immer schon gewusst: Macken hat jeder. Leider auch Ihr Mann. So wie nur die wenigsten Frauen achtlos an Schuhgeschäften vorbeigehen können, haben manche Männer schon die Füße auf dem Couchtisch, kaum dass ihr Allerwertester das Sofa berührt. Lassen Sie ihn! Die wenigsten Couchtische sind aus kostbarem Kristallglas. Außerdem gibt es bei den Marotten viel härtere Fälle:

Abends schaut er immer nach, ob die Haustür abgeschlossen ist. Und morgens muss er immer wieder zurück, denn er hat nicht gesehen, ob Sie die Kaffeemaschine abgestellt haben. Diese Männer sind in prominenter Gesellschaft. Fußballstar David Beckham kann es nicht ertragen, wenn eine ungerade Anzahl von Getränkedosen im Kühlschrank steht. Außerdem müsse bei ihm immer alles in einer geraden Linie liegen – diese Ordnung sei geradezu zwanghaft. Melvin Udall wiederum, der von Jack Nicholson gespielte Held des Films »Besser geht's nicht«, hat noch ganz andere Probleme: Er kann sich nicht überwinden, die Zwischenräume von Gehwegplatten zu betreten. Gespielt hat das als Kind wohl schon jeder. Er kann aber auch nicht die Hausschuhe in einem schiefen Winkel vor das Bett stellen. Ganz nebenbei mag er keine Hunde und schmeißt sie schon mal in den Müllschacht seines Hauses.

Natürlich sind dies Extremfälle: Fast jeder hat kleine Marotten oder Ticks. »Bei den Marotten gibt es praktisch nichts, was es nicht gibt«, sagt Christa Roth-Sackenheim, Vorsitzende des Berufsverbands der deutschen Fachärzte für Psychiatrie und Psychotherapie in Neuss. »Da gibt es Leute, die nur Hemden einer einzigen Marke anziehen oder ausschließlich schwarze Socken tragen.«

Eine handfeste Neurose, die therapeutisch behandelt werden sollte, ist das deshalb noch lange nicht.

Sie schrecken vielleicht bei jedem Geräusch hoch. Oder Sie haben das dringende Bedürfnis, immer noch einmal unter das Bett zu gucken, bevor Sie einschlafen. Es könnte ja jemand darunter liegen – ein Räuber oder ein Krokodil. Solche Ängste nehmen wir aus Kindheitstagen mit.

Hier handelt es sich um so genannte Kontrollzwänge. In schwacher Form sind die aber vollkommen normal – und bei fast jedem in bestimmter Form vorhanden. Seien Sie also tolerant, wenn Ihr Mann seine Sakkos immer in einer bestimmten Reihenfolge aufhängt oder die Stifte auf dem Schreibtisch stets in einer Richtung auslegt, beruhigt ihn das einfach nur, obwohl es gar nichts zu beruhigen gibt. Schon gar nicht in Ihrer Ehe.

Manchen Menschen helfen solche Ordnungsrituale, ein Gefühl der Kontrolle über Unsicherheit im Alltag zu erlangen. Manche setzen sich halt immer auf denselben Platz im Fußballstadion, weil sie Angst haben, dass die Mannschaft sonst verliert. Mit dem seit dem 5:0-Heimsieg stets ungewaschenen Trikot seines Lieblingsteams und dem Schal dazu. Liebenswert, oder?

Zehnmal am Tag die Hände zu waschen ist ebenfalls okay im normalen Leben, und mehr kann es durchaus werden, wenn Ihr Mann Arzt ist.

Und bei Ihnen? Halten Sie eigentlich vor jeder gemeinen Szene im Kino die Hände vor die Augen und lassen sich dann den Ablauf in Ruhe von Ihrem Mann erklären? Können Sie ohne Ihren Lieblingsteddy partout nicht einschlafen, weder daheim, bei Freunden oder im Hotel? Verursacht es bei Ihnen Entsetzen, wenn Sie sich auf eine fremde Klobrille setzen müssen?

Sehen Sie. Also akzeptieren Sie die Marotten Ihres Mannes. Eigentlich sind sie doch süß. Und er erst recht. Oder?

Jedem das Seine

Nein, nicht ganz von der Leine, nur ein bisschen. Heute ist Champions-League-Spieltag, er hat einen Decoder am Fernseher für das Pay-TV und Bier im Keller. Das wissen auch seine Kumpels, und weil er denen das schlechte Gewissen nehmen will, hat Ihr Mann die Freunde präventiv eingeladen.

Er wird es Ihnen niemals direkt ins Gesicht sagen: Sie sind überflüssig! Gut, fast ein Drittel aller Bundesliga-Fans sollen weiblich sein, und zwei Drittel aller Frauen in Deutschland haben sich angeblich für die Weltmeisterschaft 2006 interessiert. Oder waren es doch eher die knackigen Jungs, die sie an den Fernseher gezogen haben?

Kaum etwas empfinden Männer als störender als eine Frau, die zwischen ihm und den besten Kumpels auf der Couch sitzt und Fußball gucken möchte. Allein schon die physische Anwesenheit stört. Männer müssen mal Dampf ablassen, mitgehen, dumme Sprüche bringen, schreien, motzen, schließlich ist jeder Mann ein potenzieller Bundestrainer.

Der Macho muss raus! Nur können sie das alles nicht in Gegenwart einer Frau, da gibt es eine natürliche Hemmschwelle, zumal Sie sicher jemanden geheiratet haben, der einen gewissen Grad an Erziehung aufweist.

Einen Tick schlimmer kann es noch werden, wenn Sie kaum Ahnung vom Fußball haben. Klar, die Abseitsregel, der Klassiker unter den Frauenfallen, haben Sie sich mittlerweile angelesen und wissen auch, dass es einen Klub namens Schalke 05 nie gegeben hat.

Frauen, die nicht unbedingt wissen, wer da warum gegen wen spielt, sind wie alle Verständnisfragen beim Fußball aber der absolute Stimmungskiller.

Noch so ein Killer-Spruch: »Wow, haben die alle Muskeln! Sag mal, wolltest du nicht auch mal wieder Sport treiben?« Aua! Grobes Foul. Von Ihnen. Das mit der Roten Karte bestraft wird. Sie wissen ja, was die bedeutet, oder?

Umgekehrt – versprochen – wird er Sie auch niemals bei »Verliebt in Berlin« mit Fragen bombardieren. Diese Sendung will er nämlich eigentlich auch gar nicht sehen, so wie Sie Fußball ja vielleicht auch nicht ausstehen können.

Sie müssen sich auch nicht fast unsichtbar machen oder gelegentlich Nachschub in Sachen Bier und Chips besorgen. Das können die Männer ganz allein. Oder möchten Sie, dass er bei Ihrem Plausch mit den Freundinnen ständig die Nase zwischen Rahmen und Tür steckt, um nachzufragen, ob noch jemand Prosecco haben möchte?

Wenn sich die hektischen Telefonate mit den Freunden an den Vortagen häufen und er plötzlich mit seinem Fan-Schal vor Ihnen steht, wissen Sie: Heute spielt sein Lieblingsklub. Da sind Sie chancenlos, es sei denn, Sie haben vor der Hochzeit abgemacht, dass es mit seinen Stadionbesuchen nun vorbei ist. Eher unwahrscheinlich; und Sie wären dann auch gar nicht verheiratet.

Also lassen Sie ihn ziehen, er freut sich auf 90 Minuten Fußball, wo er so richtig seine Emotionen rauslassen und beim Bierchen danach gemeinsam mit den Kumpels über die Fehler diskutieren kann, warum es nicht geklappt hat mit dem erwarteten Sieg. Ohne Sie, außerdem haben Sie das Spiel ja auch nicht gesehen.

Ähnlich verhält es sich beim Abend mit den Freunden in der Stammkneipe. Billard, Flipper oder an der Theke rumhängen und blödes Zeug quatschen: Männer möchten da einfach unter sich bleiben. Und zwar kategorisch. Sie sollten da auch keine SMS mit Inhalten wie »ich vermiss dich« verschicken. Sie fehlen ihm zwar generell auch, aber nicht in diesem Moment!

Ausnahme natürlich: Es wurde ein Abend mit Paaren verabredet. Der kann dann auch richtig schön werden in seiner Stammkneipe.

In Ihrer Wohnung kann es passieren, dass er vielleicht auch mal seine Zeit für sich benötigt. Er nimmt vielleicht ein Glas Wein, ein Buch und verkrümelt sich ins Nebenzimmer. Das heißt für Sie: Er zieht sich jetzt nicht zum Sterben in seine Höhle zurück, sondern er will in diesem Moment ganz schlicht allein sein. Da steckt nichts dahinter, kein Problem, rein gar nichts – es gibt eben solche Tage, das sollten Sie tolerieren.

Vielleicht hat er auch Hobbys.

Damit ist er in bester Gesellschaft. Mehr als zwei Drittel aller Deutschen haben eins. Computerspiele, Modelle bauen oder sogar die elektrische Eisenbahn, klasse, nicht wahr?

Der Klassiker ist natürlich die Modelleisenbahn. Wird bei Kindern mit dem Spiel die Kreativität gefördert, so ist es bei den Männern weniger die pädagogische Ursache: Der Mann sucht einfach Entspannung und Spaß, wofür er bereit ist, einiges zu blechen. Rund 400 Millionen Euro werden in Deutschland jährlich für Modelleisenbahnen ausgegeben. Dafür werden Strecken gebaut, mit Zügen zum Leben erweckt, aber es wird auch seine ganz kleine individuelle Welt geschaffen. In die sollten Sie bitte nicht gewalttätig eindringen.

Nah an der Eisenbahn sind die Modelle, die Männer gern bauen. Auch hier hat das Hobby mit den Kindheitserlebnissen zu tun – entweder war er damals schon fasziniert, allein Schiffe oder Flugzeuge zu schaffen, oder Ihr Mann holt es jetzt eben als Erwachsener nach, was ihm als Kind nicht vergönnt war.

Seit Jahren natürlich schwer im Kommen: Computer. Ballern oder erobern: Hier kann er der Held sein, der Ihr Mann im richtigen Leben wohl nie sein wird. Außer für Sie selbstverständlich.

In jedem Fall: Lassen Sie ihn ruhig mal abtauchen in die Phantasiewelt, solange er wieder auftaucht und mit der Spielerei nicht mehr Zeit verbringt als mit Ihnen.

Gemeinsam Sport treiben

Sport sollten Sie in jedem Fall treiben, und zwar beide!

Männer, die keinen Sport treiben, haben nicht nur Probleme mit dem Gewicht oder dem Herzen. Bewegungsmangel kann auch verantwortlich für Impotenz sein! Wissenschaftler empfehlen körperliche Bewegung, um auch Herz-Kreislauf-Erkrankungen vorzubeugen.

Ja, auch der Hochzeitswalzer ist Sport. Für manche Männer jedenfalls, wenn Ihr Mann vielleicht Fuß- oder Handballer ist.

Dann tanzt er den Walzer wie »links antäuschen, rechts vorbeigehen« und Sie müssen hinterher.

Jetzt kann Ihr Mann sich nicht drücken. Allerdings wäre es ja möglich, dass dadurch selbst bei ihm die Lust auf klassischen Tanz geweckt wurde. Wenn Sie das spüren sollten oder er es Ihnen verraten hat. Dann können Sie die Geschichte natürlich auch forcieren und die Fehler der Vergangenheit bei ihm ausbügeln.

Nicht umsonst kommt Tango wieder groß in Mode, dieser Tanz, der wohl mehr als jeder andere Leben, Liebe und Leidenschaft ausdrückt.

Wenn Sie aber wissen, dass er partout kein Faible für das Tanzen hat und ihm auch gänzlich die Technik dafür fehlt, sollten Sie ihm in Zukunft das Tanzen ersparen.

Welchen Sport können Sie gemeinsam ausüben, wenn das Tanzen ausfällt? Es ist schwierig. Eine Option ist sicher immer der gemeinsame Besuch eines Fitness-Studios. Allerdings beschränkt sich dabei die Gemeinsamkeit auf den Hin- und Rückweg, weil jeder an seinen eigenen Geräten ächzt. Die Sportarten, bei denen Frauen und Männer tatsächlich gleich gut mithalten können, sind recht dünn gesät.

Warum? Man kann es drehen und wenden, wie man will: Männer und Frauen haben einfach grundsätzlich verschiedene physische Voraussetzungen. Und Männer wissen alles besser. Was sie natürlich nicht tun, aber sie denken es.

Wenn dem so ist: Lassen Sie ihn in Ruhe seinen Sport treiben. Soll er doch im Mördertempo durch den Wald rennen und den Squash-Ball verdreschen wie feindliche Ritter. Sie müssen auch nicht auf Yoga, Pilates oder Ihr eigenes Laufpensum verzichten. Wenn Sie gemeinsam laufen wollen, hat es sich bewährt, einen Startpunkt auszusuchen, von wo aus Sie verschieden lange Strecken laufen können. Verabreden Sie sich zu einer bestimmten Uhrzeit wieder am Auto. Wer eher da ist, hat noch Zeit für Gymnastik oder geht dem anderen entgegen, sofern er noch Luft hat.

Oder fragen Sie Ihren Mann, ob er nicht Lust hat, mit Ihnen einen Segelschein zu machen. Wer ist schon gern auf Dauer seines Lebens nur in der Badewanne der Kapitän? Er wird begeistert sein. Wind und Wellen haben bisher noch jeden fasziniert, es sei denn, Ihrem Mann wird beim geringsten Schaukeln sterbenselend. Segeln ist immer ein bisschen wie Abenteuer, und es gehört schon einiges an Können dazu, so ein Boot sicher zu steuern und zu navigieren.

Fangen Sie im Kleinen an. Auf dem See um die Ecke, den es in jeder Gegend in Deutschland gibt, meist mit der passenden Segelschule dazu. Kosten von 500 Euro sollten Sie zunächst mal einplanen, dazu ein bordgerechtes Outfit. Und nach dem heimatlichen See wagen Sie sich mit ihm aufs richtige Meer. Ost-, Nordsee, Mittelmeer, vielleicht sogar der Atlantik vor Portugal und Spanien.

Sie bleiben also doch lieber eine Landratte? Kein Problem, auch da gibt es Möglichkeiten.

Schenken Sie ihm eine Bowlingkugel und flippige Schuhe dazu, damit er sich bei der neuen Bahn in der Nachbarschaft in Zukunft nicht immer müffelnde Treter ausleihen muss. Das Angebot wird er nicht ablehnen. Keine Ausrede – von wegen Bowling ist nur was für Amerikaner oder Kids. Es ist doch mal eine echte Alternative, statt alle neune wie im deutschen Kegeln alle zehne zu treffen. Dazu in netter Gesellschaft in einer großen Halle statt einer dunklen Kegelbahn.

Raus aus der Halle in die Höhe? Auch gut. Der Berg ruft! Wenn er eingeschneit ist. Beim Skifahren kommen Sie beide gleich gut auf Ihre Kosten und haben bestimmt mächtig Spaß dabei. Wenn Sie und Ihr Mann es denn können. Für das Lernen ist es aber nie zu spät, das klappt auch noch im höheren Alter. Jedes Skigebiet, jeder Ort bieten entsprechende Kurse an. Sie müssen sich nur zum Buchen entschließen.

Erleben Sie also gemeinsam mit Ihrem Mann die Natur, die herrlichen Berge – und abends das Gefühl der bleiernen Müdigkeit mit der Gewissheit, sich am Tag richtig ausgetobt zu haben und dies ab nächsten Morgen wieder zu tun. Sie wissen, sportlich haben Sie etwas geleistet, gemeinsam.

Zeigen Sie ihm ruhig, dass auch Sie eine Pistensau sein können, während er seine Bahnen ziehend langsam ins Tal wedelt, wo Sie bereits mit dem Après-Ski begonnen haben. Sie müssen nicht die komplette Zeit auf derselben Piste bleiben. Umso mehr haben Sie sich abends noch zu erzählen und umso mehr erleben Sie am nächsten Tag.

Oder aber lassen Sie es ruhig angehen. Wenn Sie gern spazieren gehen, wird sich Ihr Mann nicht wehren, solange die Wanderwege nicht unbedingt Einkaufspassagen sind und er stramm marschieren kann statt ständig in Schaufenster zu gucken. Eine Runde um den See, einen Lauf durch den Wald, das ist gleichzeitig ein super Fitnessprogramm, eine entspannte Alternative zum Joggen. Wälder gibt es in Deutschland überall, 10,8 Millionen Hektar. Das entspricht einem Drittel der Gesamtfläche!

Gesund ist sein Besuch außerdem. Die Bäume filtern bis 99 Prozent der Staubteilchen aus der Luft. Im Sommer ist es dort bis zu drei Grad kühler, die Sonne strahlt nicht so intensiv, die Luftfeuchtigkeit werden Sie und Ihr Mann mehr als angenehm empfinden. Eine Kur pur. Wussten Sie, dass eine 100 Jahre alte Buche drei Millionen Liter Sauerstoff pro Jahr produziert?

Wald-Knigge

Natürlich müssen Sie ein paar Regeln im Wald beachten, von denen auch Sie und Ihr Mann vielleicht noch nichts wussten. Kennen Sie den Wald-Knigge der Stiftung Unternehmen Wald Deutschland e. V.?

- Ob für Spaziergänger, Radfahrer, Reiter, Jogger oder Wanderer – jeder darf den Wald auf seine eigene Art und Weise nutzen. Damit aber jeder ungestört seinen Ausflug im Wald genießen kann, ist es notwendig, Rücksicht auf den Wald, seine Tiere und Pflanzen sowie andere Erholungsuchende zu nehmen.
- Spaziergänger und Wanderer dürfen sich grundsätzlich frei im Wald bewegen. Bei Sperrungen von Wegen oder Waldflächen, zum Beispiel wegen Holzfällens, sollten diese Bereiche aus Sicherheitsgründen gemieden werden. Auch eingezäunte Forstkulturen und bepflanzte Flächen sollten zum ungestörten Aufwachsen der nächsten Waldgeneration nicht betreten werden.
- Radfahren ist auf allen Fahrwegen im Wald gestattet. Allerdings müssen sich auch Mountainbike-Fahrer an diese Wege halten, um Pflanzen und Tiere zu schonen. Und natürlich auch aus Rücksicht auf andere Waldbesucher!
- Reiten im Wald ist – wie das Radfahren – auf allen Fahrwegen gestattet. Auch hier gilt: Abteilungslinien (das sind die Grenzen zwischen den unterschiedlichen Baumbeständen) und Fußpfade gehören nicht zu den Fahrwegen.
- Nicht nur Ihr Mann soll Sie begleiten? Auch der liebste Hund kann sich nicht immer gegen seine Ur-Instinkte

wehren und jagt dann hinter dem Wild her. Halten Sie ihn deshalb immer an der Leine, damit das Wild ungestört leben kann. Auf vielen Waldflächen besteht nach den Bundes- und Länder-Waldgesetzen für bestimmte Zeiten ohnehin Leinenzwang!

- Verpesten Sie nicht die Luft! Eine der schlimmsten Katastrophen für den Wald und seine Bewohner ist ein Waldbrand. Daher darf man nur auf den ausgewiesenen Plätzen Feuer machen. In der Zeit vom 1. März bis 31. Oktober darf man im Wald nicht rauchen, da schon ein kleiner Funke in der trockenen Streu einen Waldbrand verursachen kann.

Was Sie noch beachten sollten:

- Hochsitze dürfen schon aus Sicherheitsgründen nicht betreten werden.
- Bei Gewitter und Sturm sofort den Wald verlassen!
- Zutrauliche Wildtiere auf keinen Fall anfassen, Tollwutgefahr!
- Waldfrüchte und Pflanzen wegen der Infektionsgefahr durch den Fuchsbandwurm nie roh essen.
- Wenn Sie auf bestimmte Insekten wie Bienen, Wespen oder Mücken allergische Reaktionen zeigen, vergessen Sie Ihre Medikamente nicht!
- Umgehen Sie niemals Absperrungen, es droht Lebensgefahr durch Fällarbeiten.

Alternativ gibt es natürlich auch Sport für den Kopf: Backgammon oder Schach. Eine mögliche Niederlage gegen Sie am Brett wird er akzeptieren. Nur eine Sache könnte ihn treffen bis ins Mark: eine Pleite im Tischfußball. Also fordern Sie ihn erst gar nicht heraus, egal wie gut Sie sind. Sonst haben Sie einen Kerl am Hals, der sein weiteres Leben nie wieder an Kickern kurbelt und glaubt, dass er eine Niete ist.

Kurz und gut:

- Lassen Sie seinen Werkzeugkasten stehen!
- Gehen Sie mal mit in sein geliebtes Steakhaus, aber lassen Sie ihn allein mit seinen Kumpels beim Fußball oder in der Kneipe.
- Zeigen Sie Toleranz, falls er sich mal auf einer Party leicht danebenbenommen hat.
- Nehmen Sie Rücksicht daheim und verzichten Sie auf einen Kleinkrieg.
- Nehmen Sie seine Marotten gelassen.
- Lassen Sie ihm und seinen Kumpels ihre Geheimnisse und hüten Sie die Ihren …
- Lassen Sie sich gegenseitig genügend Freiräume für Sport und andere Freizeitaktivitäten.
- Machen Sie Ihren Ex-Freunden unmissverständlich klar, dass Sie nicht mehr zu haben sind!

»Sie sind vom Reparieren von Geräten, Kisten schleppen und vom Müll wegbringen kategorisch befreit, den Rest teilen Sie sich einfach auf.«

Hausarbeit: eine Sache für zwei

Waschen und Legen

Knitter-Look

Nicht erschrecken: Der da neben Ihnen liegt mit den Furchen im Gesicht, ist wirklich nur Ihr Mann. Das Schönste an der allmorgendlichen Katastrophe ist die Tatsache, dass er sich die Falten im Gesicht gleich wieder im Bad mit dem Rasieren ausbügeln kann. Weniger schön ist die Tatsache, dass er danach mit noch mehr Falten zur Arbeit gehen wird. Wenn Sie ihm nicht helfen.

Männer sind nackt geboren worden, und, wenn man der Bibel glauben darf, wurde der Prototyp auch nackt geschaffen. Ohne Hemden und Hosen. Gott kann also nicht gewollt haben, dass Männer bügeln können. Oder? Und wenn doch, hätte er sie doch bitte wenigstens mit dreieckigen schweren Händen erschaffen. Das ist natürlich nicht für alle gültig, aber: Haben Sie mal erlebt, dass ein Single knitterfrei herumläuft?

Das ist fast seltener als ein Sechser im Lotto – es sei denn, er gibt seine Klamotten regelmäßig in die Wäscherei ab und erhält sie frisch gestärkt und gebügelt zurück.

Nun ist Ihr Mann aber kein Single mehr, sondern mit Ihnen verheiratet. Sie haben folglich drei Möglichkeiten. 1. Er schleppt seine Sachen weiter zur Wäscherei. 2. Sie schleppen seine Sachen weiter zur Wäscherei. 3. Sie bügeln diese leidige Geschichte aus.

Solange er nicht feixend und Bier trinkend daneben sitzt, sollte das für Sie kein Problem sein. Für Männer schon. Wie die Knopfleiste eines Hemdes faltenfrei sein kann, wird für ihn immer ein Geheimnis bleiben. Das Plätten einer Hose mit einer perfekten Naht ist für viele Männer ein Buch mit sieben Siegeln. Das Polohemd ohne Querfalten gibt es für ihn nicht, seitdem er es gekauft hat.

Also gehen Sie auch hier einfach mal ran an seine Wäsche. Dafür macht er dann in der Zeit etwas anderes Sinnvolles. Männer fühlen sich nämlich durchaus kompetent und werden auch von ihrem Lebenspartner dafür gehalten, wenn es um kleinere Reparaturen geht. Die Mehrheit der deutschen Paare steht auf dem Standpunkt: Bei uns ist die Frau Spezialist fürs Waschen, Sortieren und Bügeln.

Da fast alle so denken, fällt es ärgerlicherweise automatisch auf Sie zurück, wenn Ihr Mann im ungebügelten Hemd herumläuft. Dass es aus Gleichgültigkeit passiert sein kann, dürfte noch das netteste Vorurteil sein – bis hin zu dem bösen Gedanken, dass Sie möglicherweise schlampig sein könnten. Auch die moderne Gesellschaft lässt nur dem Mann die Falten durchgehen, er ist dann eben unkonventionell. Sie aber gelten als Ehefrau wahrscheinlich als unmöglich.

Haben Sie Kinder? Außer Ihrem Mann? Vielleicht helfen die ja auch ein bisschen mit?

Zwar stellen die meisten Männer ihre Mithilfe im Haushalt nicht mehr grundsätzlich infrage, im Alltag jedoch übernehmen 80 Prozent aller Frauen die Planung des Essens, das Kochen und den Einkauf.

Wie verhält sich nun aber der Nachwuchs? Schließlich könnte ja auch ein Siebenjähriger ohne weiteres den Tisch decken oder den Geschirrspüler ausräumen. Andererseits haben fast alle Kinder einen ziemlich feinen Sensor für unangenehme Arbeiten entwickelt und müssen beispielsweise plötzlich dringend noch Hausaufgaben für die Schule erledigen. Hier müssen Sie Überzeugungsarbeit leisten und einen Plan aufstellen, wer wofür zuständig ist.

Tipp!
Mittlerweile gibt es überall so genannte »Familien-Kalender« zu kaufen, auf denen man nicht nur Zahnarzttermine und Sportabende festhalten kann, sondern auch »Dienste« wie Blumen gießen, Rasen mähen, Tisch decken, Spülmaschine ausräumen, Schuhe putzen und so weiter. Wenn man wochenweise solche Dienste wechselt (ruhig reihum in der ganzen Familie), fühlt sich niemand benachteiligt und, die Arbeit wird nicht so schnell lästig!

Ab in die Küche!

Die Küche gehört nicht der Frau allein! Männer sind statistisch gesehen ja sogar die besseren Küchenchefs. In fast allen Spitzenrestaurants schwingen sie den Kochlöffel, und auch im privaten Bereich sind Männer oft kreativer, vielleicht weil sie mehr Zeit zum Nachdenken über diese so gar nicht banalen Dinge haben; selbst wenn Frauen sogar die Rezepte ihrer

Mutter und Oma beherrschen, fühlt sich der Mann als König der Küche.

Was soll's. – Jedenfalls solange der Chefkoch nicht nur für die Galerie kocht, also, wenn Gäste kommen! Sie beide allein sollen auch im Alltag mal etwas davon haben.

Also, er kocht. Was Männer allerdings weniger mögen, ist Gemüse schnippeln und zwischendurch Bretter und Teller abwaschen. Diese Arbeit können Sie sich ja vielleicht teilen. Dabei springt als Belohnung natürlich ein Glas von dem Kochwein, den er schon lange vor sich stehen hat, für Sie heraus. Ein Gespräch ohnehin. Als Meister seines Fachs am Herd fühlt sich Ihr Mann nicht unangenehm abgelenkt.

Tipp!
Überraschen Sie ihn, und machen Sie die Küche zum Treffpunkt Ihrer Wohnung. Was ein Phänomen auf Partys ist, nämlich dass die Gäste sich meist in die Küche quetschen, um zu palavern, funktioniert auch daheim. Es wäre mal eine nette Abwechslung von Couch und Fernseher.

Oder, wenn Sie ihn richtig verwöhnen wollen, nehmen Sie den Kampf mit seiner Mutter und deren geheimnisvollem Rezept auf und kochen ihm sein Lieblingsgericht. Fragen Sie ruhig mal die Schwiegermutter nach dem Rezept. Wenn Sie sich sogar besonders gut mit ihr verstehen, können Sie sich die Rouladen, den Schweinsbraten oder die perfekte Sauce Bolognese von ihr vorkochen lassen. Das wird die Schwiegermama freuen, weil Sie irgendwie doch noch für ihren Sohn da sein kann. Es wird Sie freuen, weil Sie nun ganz sicher sein können, das perfekte Gericht gezaubert zu haben. Auf jeden Fall wird Ihr Mann sehr, sehr glücklich sein.

Er wird ganz automatisch etwas verstehen. »Seinem Partner zu sagen, dass man ihn liebt, kommt manchen Leuten schwer über die Lippen«, sagt der Pariser Soziologe Jean-Claude Kaufmann, »kocht man dem anderen jedoch sein Leibgericht, kann man Liebe ohne Worte ausdrücken.«

Alternativ zu Mamas Klassiker können Sie auch ganz etwas anderes machen: Kreieren Sie mal ein Menü, das es Ihrer Meinung nach in sich hat! Sie könnten abtauchen in die Tiefen eines erstklassigen Kochbuchs, den Wok anschmeißen und ein wunderbares koreanisches Essen zaubern. Etwas, was er so noch nie geschmeckt hat. Schön scharf sollte es in jedem Fall sein, Männer, auch Ihrer, mögen das zumeist.

Oder dieses nur mit Zitrone und Knoblauch gebratene Huhn nach einem Rezept aus der Provence, sieht er Sie dabei nicht mit ganz anderen Augen an?

Oder legen Sie ihm einfach ein riesiges T-Bone-Steak auf den Grill. Kochen Sie, wovon Sie denken, dass es ihm Freude bereiten könnte. Sie wissen, was er mag und ob er beim Anblick von Brokkoli nicht schreiend davonläuft. Magisch angelockt vom Duft, wird er sich zu Ihnen in die Küche gesellen. Schauen und staunen. Wird plaudern, sich mit Ihnen über das Essen unterhalten und dann über Gott und die Welt. Von ernsthaften Gesprächen daheim haben Sie doch immer schon geträumt!

Machen Sie sich keine Sorgen. Was mit Liebe und Phantasie zubereitet wurde, wird er essen.

Der französische Meisterkoch Anthony Bourdain ist um die ganze Welt gereist auf der Suche nach der perfekten Mahlzeit, dem vollkommenen Genuss. Er hat wirklich alles probiert – und wissen Sie, wo Bourdain sein perfektes Essen gefunden hat? An einer Strandbude in Französisch Westindien. Er hat sich Spareribs bestellt, seine Frau einen Cheeseburger, der durchgebraten und mit matschigen Pommes auf einem Plastikteller kam. Na und? Es war eben dieser magische Moment am Strand mit dem Meer und der Sonne, der dieses Gericht veredelt hat. Das können Sie auch in Ihrer Küche, diesen magischen Moment hervorzaubern.

Danach wartet schließlich noch die Belohnung: ein wunderschönes Abendessen, quasi gemeinsam zubereitet, selbst wenn Sie nur die vermeintlich einfachen Dinge getan haben.

Geteiltes Leid ...

Die konservative Rollenverteilung gilt nicht mehr. Sie haben beide einen Job und tagsüber genug Stress. Also verlangen Sie als Ehefrau, dass im Haushalt gemeinsam angepackt wird.

Interessant
Der wahre Schnäppchenjäger könnte Ihr Mann sein! 31 Prozent der Männer suchen nach dem günstigsten Angebot, aber nur 25 Prozent der Frauen. Das ergab eine Online-Umfrage mit 1087 Beteiligten durch das Kreditkartenunternehmen »Visa«. Bei Sonderangeboten hingegen werden vor allem Frauen schwach: Jede fünfte kauft dann Dinge, die sie gar nicht braucht.

Denn natürlich sollen die unangenehmen Dinge Ihres Zusammenlebens nicht an Ihnen hängen bleiben. Für das ganze Dilemma – einen ewigen Streitpunkt zwischen Paaren – gibt es eine simple Lösung: Wenn Sie doppelt und gut verdienen, teilen Sie sich eine Putzfrau! Sie ist gar nicht mal teuer, Sie werden staunen, ihr Stundenlohn zahlt sich in jedem Fall aus.

Also keine Diskussion mehr. Und ganz ehrlich: Selbst die schlampigste Putzfrau macht die Wohnung sauberer als der penibelste Mann. Es sei denn, Sie haben einen Typen namens Felix Unger aus New York oder Mr. Monk aus San Francisco geheiratet, wahre Putzteufel, aber leider auch echte Pedanten.

Wenn eine Putzfrau nicht infrage kommt, teilen Sie sich die Arbeit auf. Zum Beispiel so: Sie fahren zum Supermarkt, er zum Getränkemarkt, Sie bügeln, er putzt Schuhe, Sie wischen, er saugt, Sie kümmern sich um die Wäsche, er kümmert sich um den Fuhrpark und so weiter.

So geht's: Arbeitsteilung

Am besten setzen Sie sich mal zusammen und schreiben eine Liste mit der genauen Aufteilung. Die hängen Sie sich in die Diele oder an den Kühlschrank oder den Badezimmerspiegel – irgendwohin, wo Sie ihn beide gut sehen können. Bei nicht ganz eindeutigen Punkten müssen Sie Details festlegen. Beim Thema Fuhrpark wird nämlich gern vergessen, dass dazu neben seinem Auto auch gegebenenfalls Ihres, die Fahrräder, der Kinderwagen, diverse Dreiräder, Roller und Rollschuhe gehören. Sie waschen ja schließlich auch nicht nur Ihre eigenen T-Shirts, sondern auch seine Unterwäsche und die dreckigen Hosen der Kinder!

Diese Aufteilung mag klischeehaft klingen, ist aber durchaus sinnvoll und erspart Ihnen neben schweren und dreckigen Arbeiten auch unfreiwillig rosa verfärbte Blusen, Hemden und Tischdecken. Zwar ist kein Mann wirklich so dumm, absichtlich zur weißen Kochwäsche sein rotes Sweatshirt oder die in Kalauern strapazierte rote Socke zu stecken. Trotzdem bleibt der richtige Umgang mit der Waschmaschine ein Problem für den Mann, weil er nicht unbedingt bereit ist, sich mit den korrekten Temperaturen, der Füllmenge und der Dosierung des Waschmittels auseinanderzusetzen oder die Wäschestücke fein säuberlich auseinanderzusortieren.

Das Aufhängen der Wäsche wird ihm ebenso ein Mysterium bleiben. Sie können es ihm hundertmal sagen, doch er wird alle Kleidungsstücke ohne Ausnahme weiter auf die Leine packen, auf dass beim Abnehmen überall der hässliche Knick vorhanden ist, der sich nicht mehr ausbügeln lässt.

Männer können dafür ziemlich gut den Müll hinausbringen. Nörgelnd zwar, jedoch zuverlässig gehen sie sogar im Dunkeln nach draußen oder spätabends in den unheimlichen Keller. Die Getränkekisten schleppen sie auch ohne Wehklagen.

Heimwerkerarbeiten

Sie sollten auch nicht unbedingt darauf bestehen, dass Ihr Mann in Ihrer Wohnung tapeziert oder malt, wenn er tatsächlich zwei linke Hände hat. Im eigenen Interesse, denn die Ergebnisse von Amateuren sind meist Pfusch, in vielen Fällen geben sie erfahrungsgemäß Anlass zum Streit. Neben der kostbaren Freizeit, die Ihr Mann möglicherweise fluchend mit Kleister und Pinsel verbringen muss. Klar, es spart, wenn man es alles selbst macht. Wenn es aber wirklich nicht geht und es nicht das berüchtigte »Faulfieber« ist, was der handwerklichen Eigenleistung entgegensteht, sollten Sie sich für diese Arbeiten einen Fachmann leisten.

Begeisterten Heimwerkern dagegen sei alles gestattet – sofern sie vorsichtig sind! Sägen, Hämmern, Hobeln, Hausbau und Gärtnern hat oft schwerwiegende Folgen. Ungefähr sechs Prozent aller Freizeitunfälle gehen auf die Rechnung von Heimwerkerarbeiten.

Häufigste Verletzung ist die der Hand mit einer Kreissäge. Solche Unfälle sind oft die Folge nicht ausreichender Vorbereitung. Leider gilt bei zahlreichen Heimwerkern nämlich immer noch das Motto: Probieren geht über Studieren. Zwar lesen drei Viertel der Heimwerkenden Gebrauchsanleitungen von Farben, Lacken und Lösungsmitteln, aber nur die Hälfte beachtet Anleitungen von Handsägen, Lötgeräten oder elektrischen Heckenscheren. Ein knappes Drittel lässt sich die Anwendung von Eltern, Großeltern oder Freunden erklären, und nur ein Prozent hat sich über die Handhabung im Baumarkt informiert!

Grund für mangelnde Vorbereitung sind meist Bequemlichkeit und Zeitdruck. Hinzu kommt die weit verbreitete Einstellung, dass beim Heimwerken ohnehin kein Risiko bestehe – davon ist immerhin jeder dritte Heimwerker überzeugt. Denn drei Viertel der im Krankenhaus behandelten Hobbybastler schätzen sich selbst als Profiheimwerker ein.

Das muss leider sein: Papierkram und Haushaltsgeld

Papierkram

Über ein paar Dinge müssen Sie sich im Haushalt verständigen, schließlich besteht das Leben nicht nur aus angenehmen Dingen, und Sie haben sich vor dem Standesbeamten oder Priester ja auch versprochen, alles zu teilen.

Wichtig ist die Steuererklärung, seitdem Sie gemeinsam veranschlagt werden. Aber auch Versicherungen sollten Sie nicht vernachlässigen:

Nur wenige Menschen übernehmen gerne die Buchhaltung. Was kann man also tun? Entweder übernimmt einer von beiden den gesamten Schriftkram oder Sie teilen dessen Verwaltung ebenfalls gerecht auf. Als Erstes sollten Sie sich gemeinsam einen Überblick darüber verschaffen, was zu tun ist:

- Verwaltung der Wohnung/des Hauses beziehungsweise der Kosten (Austausch mit Vermieter oder Wohnungsverwalter, eventuell auch mit Hausmeister, Abrechnung und Überprüfung der Betriebskosten und der Nebenkosten wie Gas, Strom und Wasser)
- Als Eigentümer: Haus- und Grundstückversicherungen, regelmäßig anstehende Wartungen, Buchhaltung
- Kontoprüfung des gemeinsamen Kontos
- Versicherungen: Haftpflicht, Hausrat, Rechtsschutz, Krankenversicherungen
- Autohaftpflicht und Kfz-Steuer
- Erstellung der Steuererklärung oder Zusammenstellung der Unterlagen für Steuerberater und Betreuung
- Geldanlagen und Vermögensplanung, Ausbildungsversicherungen, Anlagen für die Kinder, Betreuung der Finanzen betagter Eltern

Sobald Sie sich eine Wohnung teilen, ist es wichtig, dass Sie Ihre vorhandenen Versicherungen überprüfen, denn es genügt vollkommen, *eine* Haftpflicht-, *eine* Rechtsschutz- und *eine* Hausratversicherung zu besitzen. In der Regel kann die zuletzt Abgeschlossene gekündigt werden. Dann können Sie die Versicherungen zusammenfassen, und einer von beiden kümmert sich darum. Wichtige Änderungen sollten Sie im Vorfeld gemeinsam besprechen. Auch eine Versicherungsberatung sollten Sie am besten zu zweit wahrnehmen.

Sie können die Versicherungen aber auch wie gehabt weiterführen, und jeder kümmert sich um seine eigenen; das gilt auch für Lebens- und/oder zusätzliche Rentenversicherungen.

So geht's: Know-how bitte teilen!
Wichtige Versicherungsdokumente sollten immer sorgfältig und beschriftet aufbewahrt werden. Im Schadensfall ist es sehr ärgerlich, wenn man nicht sofort Zugriff auf alle relevanten Unterlagen hat! Zuerst sollte immer das aktuellste Dokument abgeheftet sein. Sehr hilfreich ist es, wenn die Adresse des jeweiligen Ansprechpartners gut sichtbar markiert ist!

Der regelmäßige Versicherungscheck kann Ihnen viele unnötige Unkosten ersparen. Mancher Unfall ist zum Beispiel bereits über die Kreditkartenversicherung ausreichend abgedeckt. Oder der ältere Zweitwagen benötigt keine teure Vollkaskoversicherung. Statt sich privat versichern zu lassen, wäre es vielleicht sinnvoller, eine zusätzliche Pflegeversicherung abzuschließen.

Jegliche Versicherungsänderungen sollten stets zügig beschlossen und in Auftrag gegeben werden, denn meistens müssen entsprechende Kündigungsfristen mit berücksichtigt werden.

Bei Ehepaaren wird für gewöhnlich eine gemeinsame Steuererklärung fällig. Wie sollte man in diesem Falle am besten vorgehen? Als Selbstständiger oder Angestellter mit höherem Einkommen benötigt man zwingend ein Steuerbüro, da sich die Regelungen jedes Jahr ändern. Alles griffbereit und vorsortiert zusammenzustellen erfordert immer noch genügend Aufwand. Diese Verwaltungsarbeit kann einer von beiden übernehmen – und dies in die gemeinsame Haushalts-Waagschale werfen. Auf diese Weise kann man sich wunderbar anderer lästigerer Haushaltspflichten entledigen!

Haushaltsgeld

Verdammt, der Kaffee ist alle.

Also schnell noch los zum Italiener, ein Pfund Bohnen holen. Ein Griff in die Büchse, dazu ist die Haushaltskasse ja da.

Verdammt, die Haushaltskasse ist auch leer.

Immer wieder dieses leidige Thema: Irgendwo verschwindet das Geld schneller, als Luft durch ein kaputtes Ventil entweicht.

Nur, wo geht das Geld eigentlich hin? Hier sind klare Abmachungen gefragt, damit es nicht zum Streit kommt.

Wenn Sie über eine gemeinsame Kasse verfügen, darf er zu Recht fragen, warum aus Ihrem Regal die Schuhpaare quellen, aber im Kühlschrank nicht eine Scheibe Wurst liegt. Er wird Sie dann vielleicht auch dezent darauf hinweisen, dass sich die teuren Handtaschen gerade nicht besonders zum Einkaufen eignen, Ihnen aber gelegentlich die prall gefüllte Jutetasche mit Lebensmitteln auch sehr gut stehen würde.

Daher sollte man stets privates Geld vom gemeinsamen trennen. Dies lässt sich am besten mit der bewährten Drei-Konten-Lösung erzielen. So geht es:

Sie eröffnen zusätzlich zu den beiden bereits bestehenden – ein gemeinsames Konto, von dem alle Wohnungs- und Haushaltskosten beglichen werden (zum Beispiel Miete und Nebenkosten, Telefon- und Rundfunkgebühr, diverse Abonnements und Versicherungen, Lebensmittel, Haushaltsaus-

So nicht!
Wie Sie es auch drehen: Ihr Mann ist leicht eingeschnappt, weil er den Nutzen dieser Kauflust nicht so recht erkennt. Zumal Sie ihn davon abgebracht haben, zum Auftakt der neuen Fußballsaison diesen breiten Plasma-Fernseher zu kaufen, weil das Budget dafür nicht reicht.
Fußball wird durch so einen Fernseher noch mehr zum Genuss, aber warum mussten Sie dieses Paar Hochglanz-Treter kaufen, das Sie nach kurzem Tragen erst mal entnervt in die Ecke feuern, weil Ihre Füße darin so heftig schmerzen.

gaben wie Drogerie- und Reinigungsprodukte.) Dieses Konto speist sich prozentual aus dem Einkommen: Wer von beiden mehr verdient, sollte entsprechend mehr einzahlen.

Nebenher sollte jeder sein eigenes Konto weiterführen und mit seinem Geld tun und lassen, was er will: seine Bundesliga-Jahreskarte und Ihre Traumschuhe.

Dieses System funktioniert natürlich nur dann, wenn beide etwa gleich viel und regelmäßig verdienen. Ansonsten überweist der Hauptverdiener selbstverständlich einen festen Betrag monatlich auf das Konto des anderen, um die Schieflage auszugleichen. Selbstverständlich ist das auch, wenn Sie eine 100/100 Lösung haben und einer von beiden nicht über ein eigenes Einkommen verfügen kann.

Gemeinsame Anschaffungen

Eigenheim oder Miete

Auf den Sonntagsspaziergängen werden Ihre Blicke sehnsuchtsvoller. Die Häuser anderer faszinieren Sie, so möchten Sie auch leben statt in Ihrer Drei-Zimmer-Wohnung mit den lauten Nachbarn. Sie fragen also Ihren Mann, ob Sie sich nicht ein Haus bauen wollen. Und Sie werden enttäuscht sein, da die Antwort kaum überschwänglich ausfallen wird. Mehr als ein »Mal sehen« bringen die meisten Männer zunächst kaum über die Lippen.

Männer sind von Natur aus keine Nestbauer. Ihre simple Formel lautet: Haus = Probleme + Leine. Mit dem Bau ist für Ihren Mann im Grunde jede Fluchtmöglichkeit genommen.

Klar, er hat vor dem Standesbeamten versprochen, sein Leben mit Ihnen zu verbringen. Doch wird ihm in diesem speziellen Fall spätestens jetzt bewusst werden, dass er da nicht nur eine Floskel von sich gegeben hat. Jetzt wird es richtig ernst! Und er blockiert die Sache zunächst.

Argumente wie »Christina und Klausi haben auch gebaut und sind froh im Grünen« helfen da kaum weiter. Ihr Mann wird eben diesen Klausi noch vor Augen haben, wie er – eigentlich ein zuvor strapazierfähiger und patenter Kerl – im Laufe der Monate langsam durchdrehte, die Ehe sich zur Krise auswuchs, wie er fast zum Amokläufer unter den Handwerkern wurde und am Ende schier unter der Last von Ziegeln und Beton zusammenbrach. Abgesehen von den Sorgen um das Geld, das hinten und vorn nicht reichte.

Fragen Sie sich und Ihren Mann also zunächst: Was sind wir bereit, dafür zu opfern oder hintenanzustellen? Wollen wir uns das wirklich antun?

Und erst nach einem »Ja«: Was können wir ausgeben, was haben wir tatsächlich auf der hohen Kante, wieviel Kredit benötigen wir?

Fakt ist, dass die tatsächlichen Kosten für einen Bau nach der Fertigstellung oft um bis zu einem Viertel höher ausfallen als gedacht. Ein Viertel mehr ist ein heftiger Anteil. Das bedeutet zunächst ein Viertel weniger Lebensqualität, ein Viertel weniger Spaß, ein Viertel weniger Sicherheit, ein Viertel mehr Stress.

Wenn Sie und Ihr Ehemann im Moment gerade so über die Runden kommen: Vergessen Sie's. Ein eigenes Haus wird zunächst leider ein Traum bleiben.

So nicht!

Natürlich können Sie Ihren Mann überreden, sich bei einem findigen Finanzgenie einen Baukredit aufschwatzen zu lassen. Nach ein paar Monaten liegen Sie dann aber nachts beide wach im Bett, weil Sie Zinsen und Tilgung nicht mehr bezahlen können. Vom Traum zum Albtraum geht es ganz schnell: Wenig später steht das schmucke Eigenheim dann auf der Liste der Zwangsversteigerungen, und Sie haben einen Haufen Schulden.

Falls die Kalkulation stimmt, müssen Sie sich und Ihren Mann fragen, was Sie eigentlich wollen. Ein Haus für die Zukunft mit vielen Räumen für Kinder, soll es im Grünen stehen oder doch lieber in der Stadt, ist es besser, ein Haus zu kaufen oder eines neu zu bauen?

Bauen ist natürlich verlockender. Sie können Ihr neues Zuhause nach Ihren eigenen Wünschen gestalten. Aber Bauen geht an die Substanz und die Nerven. Sie sind sicher, Ihre Ehe hält das aus?

Nun stellen sich Fragen über Fragen. Ein einsames Grundstück oder eines in einer Siedlung? Fertighaus oder eines vom Architekten geplant? Walm- oder Pultdach? Keller ja oder nein? Viel Glas oder wenig? Offene Küche oder abgetrennt? Kamin oder Schwedenofen? Viele kleine Zimmer oder wenige große?

Checkliste

Wie dem auch sei: Diese Punkte sollten Sie beachten, damit beim Hausbau nicht gleich alles schief läuft.

- Bau- oder Kaufvertrag vor dem Abschluss von unabhängigen Experten überprüfen lassen, beispielsweise von einer Verbraucherzentrale.
- Anfallende Nebenkosten einplanen (in der Regel fünf bis zwölf Prozent des Kaufpreises). Dazu zählen die Kosten für den Notar und oft auch den Makler, Grunderwerbssteuer in Höhe von meist 3,5 Prozent vom Kaufpreis, die Gebühren für die Grundbucheintragungen. Oftmals muss für die Erschließung des Grundstücks und die Einrichtung der Baustelle noch zusätzlich gezahlt werden.
- Neben den Kreditraten fallen auch Bewirtschaftungskosten an!
- Vom Verkäufer die letzten Betriebskostenabrechnungen anfordern!
- Bei Neubauten monatlich pro Quadratmeter Wohnfläche zwei bis drei Euro mehr einplanen.
- Mindestens zwei Prozent für die Tilgung einplanen. Achten Sie darauf, dass Sie die Kredite bis zum Ruhestand abzahlen können.

Klar, wenn schon, denn schon: Ihr Mann verbringt den Rest seines Lebens in diesem Haus. Da möchte er sein eigenes Refugium. Ein Zimmer nur für sich. Wo er basteln kann, die Eisenbahn steht, ein Flipperautomat, das Tischfußball, der Ledersessel zum Lesen und Zigarre rauchen oder eben ein Billardtisch, der Traum von vielen Männern.

Erlauben Sie's. Sie profitieren auch davon. In Zukunft wird er mit seinen Kumpels nicht mehr so oft bis in die Nacht in den Kneipen herumhängen, sondern die Freunde kommen zu Ihnen ins neue Haus. Weil deren Frauen eben nicht so tolerant sind wie Sie und ihren Männern diesen Gefallen nicht getan haben.

Die einzigen Dinge, die Sie jetzt höchstens noch stören können, sind das dezente Klackern der Kugeln und das Jubeln Ihres Mannes und seiner Clique. Dafür wird er Sie immer lieben!

Vielleicht erobern Sie sich so Ihren Garten. Wer sitzt im Sommer nicht gern draußen unter einem Baum auf dem Rasen? Männer vielleicht?

Denen reicht eigentlich eine Terrasse, wo der Grill stehen kann. Kaffee trinken und Kuchen essen am weiß gedeckten Tisch unter der Eiche gehören zu den weniger wichtigen Dingen im Leben eines Mannes.

Er hat da schon eher die Kosten-Nutzen-Rechnung im Kopf: Ein paar Tage strapazieren nervende Verwandtschaft oder Ihre Freundinnen den Garten, ein paar Mal ist er mit seinen Kumpels da draußen. Dann gibt es ein nettes Gartenfest; den Rest des Jahres ist der Garten leider nur dafür da, Rasen zu mähen, Beete in Ordnung zu bringen, Laub zu harken.

Es gibt ein Sprichwort aus China zum Garten:

»Willst du für eine Stunde glücklich sein, so betrinke dich. Willst du für drei Tage glücklich sein, so heirate. Willst du für acht Tage glücklich sein, so schlachte ein Schwein und gib ein Festessen. Willst du aber ein Leben lang glücklich sein, so schaffe dir einen Garten.«

Fragen Sie mal Ihren Mann, wie glücklich er sein möchte.

Leder oder Plüsch?

Frauen und Männer haben tendenziell einen unterschiedlichen Geschmack und ein gänzlich anderes Beuteschema. Kaum etwas ist dazu für einen Mann unerträglicher als der Besuch in einem Möbelhaus.

Wir reden schon mal gar nicht von dem schwedischen, wo man ja nur ganz kurz wegen eines Regals hinfahren wollte; am Ende stehen Sie mit Ihrem Mann voll bepackt in einer der langen Schlangen vor der Kasse mit Dingen auf dem Einkaufswagen, die zumindest er zuvor nicht im Entferntesten auf der Liste hatte. Dementsprechend wird seine Laune sein, da wird er ganz schnell zum Elch.

Aber dies ist ja noch das kleinste Übel. Viel schlimmer ist der Gang in einen dieser mehrstöckigen Möbeltempel, wo sie einem neben Rabatten und Sonderpreisen im gleißenden Neonlicht eine scheinbar bisher nie gekannte zukünftige Lebensqualität anpreisen.

Aber entscheidet sich das Leben wirklich vor einer Schrankwand, Eiche massiv, das Glas mit Facettenschliff, ein echtes Liebhaberstück, wie der ölige Verkäufer versichert, weil diesen Trumm außer Ihnen bisher keiner haben wollte?

Überdies besteht die Gefahr, dass Sie und Ihr Mann vielerorts mächtig übers Ohr gehauen werden. So bietet man Ihnen im Rahmen von Sonder- und Jubiläumsaktionen: Messepreise,

Aktionspreise, Zugaben, Bonuspunkte. Und vor allem: Sie erhalten angeblich einfach so 20, 30 oder gar 50 Prozent Rabatt! Ja, sogar auf hartnäckige Feilscher ist man mit ein paar Extra-Prozenten vorbereitet: Denen gibt man eben noch ein paar Extra-Prozente. Lassen Sie sich nicht täuschen: Diese Arten von Preisnachlässen sind gemäß dem uralten Kaufmannsspruch entstanden: »Rabatt, Rabatt, das lass dir sagen, wird immer vorher draufgeschlagen!«

Für Männer hat Möbelkauf in etwa den Status wie der Gang zum Zahnarzt oder die Vorsorgeuntersuchung in Sachen Prostata. Wobei letztere beide immerhin notwendig erscheinen.

Darum sollten Sie sich beide vorher genau absprechen: Was benötigen wir eigentlich, wie soll das neue Möbelstück aussehen? Erst einmal im Geschäft angekommen, wird Ihr Mann zu allem ja sagen, nur um schnell wieder den Laden zu verlassen. Selbst wenn er alles andere als überzeugt ist, Ihren Vorschlag furchtbar findet, die Couch da vorne einfach nur scheußlich, doch hier setzt der Fluchtinstinkt ein.

So nicht!

Über Geschmack lässt sich bekanntlich streiten. Wenn Sie beide leider nicht den gleichen Geschmack haben, wird die Geschichte kompliziert.

Es beginnt damit, ob das Sofa aus Leder oder Stoff sein soll. Von der Farbe gar nicht zu reden. Davor ein Glastisch – meint sie. Er möchte sicher etwas aus Holz. Ein Teppich auf dem Teppich, ein Perser gar? Den habe sie schon immer gewollt, für ihn ist es rausgeschmissenes Geld. An die Wände sollen Bilder, vielleicht ein bisschen kitschig, aber der Goldrahmen sieht so chic aus. Findet sie. Er mag die Wände lieber weiß.

Wie auch immer: Naturgemäß kommt es zu erheblichen Diskussionen, aber die sollten Sie mit Ihrem Mann lieber daheim in aller Ruhe austragen statt in diesem Möbelgeschäft. Sie werden nicht umhin können, Kompromisse zu schließen. Sie müssen in jedem Fall ehrlich sein. Denn, denken Sie daran: Mindestens das nächste Jahrzehnt leben Sie in diesem Kompromiss.

Audi oder Alfa?

Die Karre aus Studententagen ist längst verschrottet. Die Stretchlimousine, mit der Sie im weißen Kleid zur Kirche gefahren wurden, hat Ihr Vater leider nur für diesen besonderen Tag geliehen. Und der Gebrauchte, den Sie oder Ihr Mann in die Ehe eingebracht haben, scheppert und klappert. Ein neues Auto muss also her.

Klar ist, dass Sie als Frau eine Vernunftentscheidung treffen werden: Funktionalität, Preis – und natürlich die Farbe. Fakt ist, dass Ihr Mann eine Bauchentscheidung treffen wird: PS, Status – und natürlich die Farbe.

Die Farbe dürfte sich als kleinstes Problem entpuppen, es läuft wahrscheinlich auf schwarz oder silber hinaus. Ansonsten müssen Sie sich fragen: Brauche ich das Auto oder mein Mann? Zu je 40 Prozent entscheiden Männer und Frauen am Ende allein über den Autokauf, 20 Prozent suchen das Auto gemeinsam aus.

Die Hälfte aller Autos wird von Frauen gesteuert; trotzdem bestimmt der Mann die Richtung. Frauen benützen Autos, Männer verehren sie, quasi als Fetisch. Das schafft Begehrlichkeiten.

Könnten Sie stundenlang über Extrafeatures eines ebenso tiefer gelegten wie teuren Sondermodells fachsimpeln, das Sie weder besitzen noch je besitzen werden? Ihr Mann kann es.

Nur damit Sie andeutungsweise wissen, wie es innerlich um Ihren Mann bestellt ist: Wenn ein Mann sein neues Auto im Freundeskreis oder der Nachbarschaft präsentiert, setzt das bei den meisten enorme Glücksgefühle frei. Gemeinsam wird begutachtet, bestaunt und gefachsimpelt. Der stolze Neuwagenbesitzer sollte die Bewunderung der anderen allerdings mit Vorsicht genießen. Bei einer repräsentativen Umfrage gab rund jeder zehnte männliche Befragte an, Schadenfreude zu empfinden, wenn er bei dem neuen Auto eines anderen einen Kratzer oder eine Delle entdeckt! Wesentlich weniger schadenfroh im Bezug auf Autos sind dagegen die deutschen Frauen, also Sie. Oder?

37 Stunden denken Sie und Ihr Mann auf jeden Fall im Durchschnitt über den Kauf eines neuen Autos nach. Fast doppelt so lange wie über die finanzielle Absicherung im Alter! Tatsächlich ist der Autokauf eine Sache, die von Emotionen wie von sachlichen Überlegungen geprägt ist. Kurios ist auf jeden Fall eine Tatsache. »80 Prozent des Autos kauft man auch für den Nachbarn«, sagt der Automobilmarktforscher Ferdinand Dudenhöffer. Das bedeutet, dass so ein Vehikel auch ein Imageträger ist.

Abgesehen davon gibt es Unterschiede zwischen Ihnen und Ihrem Mann bei der Fahrzeugwahl. »Frauen kaufen rationaler, Männer kaufen emotionaler«, fasst Helmut Blümer vom Zentralverband Deutsches Kraftfahrzeuggewerbe in Bonn zusammen. Viele Frauen halten das Aussehen eines Autos für belanglos. Dagegen finden Männer, dass ein Auto schon gut aussehen sollte.

Wenn Sie den Wagen nur zum Einkaufen kutschieren, haben Sie immerhin Mitspracherecht bei der Höhe der Ladekante. Wenn Sie aber täglich mit dem Wagen zur Arbeit müssen, außerdem vorher noch die Kinder zur Krippe bringen und wieder abholen, Oma und Opa damit abklappern, dann dürfen Sie in der Tat ein gewichtiges Wort mitreden. Dies akzeptiert Ihr Mann. Umgekehrt sieht es aus, wenn hauptsächlich er das Auto benötigt.

Denken Sie daran: So ein Auto ist eine Investition für die Zukunft. Nicht auszuschließen ist ja, dass Sie – bislang noch ohne Nachwuchs – vielleicht bald mehr Platz für einen Kinderwagen und allerlei Krimskrams haben müssen. Ihre Überzeugungskraft ist gefragt.

Also überzeugen Sie Ihren Mann lieblich dezent davon, dass der kleine Volvo-Kombi für die kommenden Jahre vielleicht sinnvoller wäre als der schnieke SLK. Er wird zwar schlucken, weil er sich von einem lange gehegten Wunsch verabschieden muss. Doch so ein Roadster ist in zwanzig Jahren auch noch eine feine Sache und macht dann erst so richtig Spaß, wenn Sie und Ihr Mann die Landstraßen der Toskana und der Provence unsicher machen. Bis Sie und Ihr Mann die Enkelkinder fahren müssen.

Ibiza oder Ischgl?

Die schönste Zeit im Jahr: endlich Urlaub. Nur: wo geht's hin? Die meisten Paare sind sich einig, dass in jedem Fall Sonne und Strand dazugehören.

Man darf nicht vergessen, Paare oder auch Familien reden im normalen Alltagsleben, so belegen Untersuchungen, im Schnitt pro Tag nicht mehr als zehn Minuten miteinander! Wo man sich zu Hause noch hinter der täglichen Routine verstecken kann, haben wir im Urlaub sehr viel mehr Zeit, aufeinander einzugehen. Zwei Wochen Freizeit stehen elfeinhalb Monaten Arbeitsjahr gegenüber. Das ist ein Wechsel, den viele nicht ganz leicht verkraften.

So nicht!
Das Urlaubsziel dürfen Sie Ihrem Partner nicht aufzwingen, sonst können Sie davon ausgehen, dass die kommenden Wochen der blanke Horror sein werden. Das haben Sie und Ihr Mann doch sicher bereits erlebt: keifende Paare, die sich über Nichtigkeiten in die Haare geraten, ein nörgelnder Dauerton in der Kommunikation oder eisiges Schweigen. Manchmal gehen sich Menschen, die meinten, sie kommen gut miteinander aus, einfach auf die Nerven, wenn sie plötzlich 24 Stunden am Tag miteinander zu tun haben.

Bedenken Sie daher, dass Sie eigentlich zu keiner Zeit so lange und intensiv mit Partner und Familie zusammen sind wie in den Ferien.

Oft aber haben sich Paare bereits vor dem Urlaub über das Ziel gestritten. Sie und Ihr Mann sind da natürlich viel schlauer. Beteiligen Sie daher alle Familienmitglieder an der Gestaltung des Urlaubes. Wenn Sie sich nicht einigen können, legen Sie schon eine Reihenfolge für die nächsten Ferien fest. Das versöhnt diejenigen, die dieses Mal zurückstecken mussten.

So geht's!
Schon im Winter können Sie Prospekte wälzen, sich rechtzeitig entscheiden und sogar noch den Frühbucherrabatt bekommen. Und nun? Sie wollten faulenzen, er mehr Sport machen oder umgekehrt. Na und? An jedem Urlaubsort gibt es heutzutage die vielfältigsten Unterhaltungsmöglichkeiten. Sie müssen auch nicht jede Minute gemeinsam verbringen, das will er vielleicht auch gar nicht. Ein bisschen Unabhängigkeit tut auch im Urlaub gut, so ist

die Umstellung vom Alltag daheim weniger extrem und führt deshalb nicht zu Spannungen.
Vielleicht schauen Sie auch mal ganz gern den durchtrainierten Sunnyboys nebenan beim Beach-Volleyball zu? Oder lassen sich vom augenzwinkernden Kellner mit ungeteilter Aufmerksamkeit etwas Leckeres servieren.
Ihr Mann wiederum wird Sie später nicht nur dafür küssen, dass er andere Urlauber mit seinen Tenniskünsten verblüffen konnte und dass er beim Schnorcheln einen Riesenfisch gefangen hat, den der Hotelkoch abends auf den Grill schmeißt.

Doch irgendwann wird vielleicht auch solch ein Urlaub über die Jahre langweilig. Denken Sie ruhig mal an das Unmögliche. Wie wäre es mit einer Tour durch die Alpen? Spießig? Von wegen. Sie entdecken womöglich Orte, einer schöner als der andere. Ohne Schnee sieht es eben mal ganz anders aus. Ökologisch gesehen ist man damit auf der guten Seite, weil man durch den Verzicht auf den Langstreckenflug viel weniger Kohlendioxid in die Atmosphäre bläst.

Überhaupt: Warum nicht nachhaltigen Tourismus? Oberstes Ziel ist es da, langfristig ökologisch und ökonomisch tragbar sowie ethisch und sozial gerecht zu sein. Dafür wurden Kriterien entwickelt, die nachhaltige Qualität beim Transport, bei der Unterkunft und auch auf Seiten des Veranstalters konkret definieren. Etwa sollen umweltschonendere Transportmittel wie Bus oder Bahn den Vorzug vor dem Flieger haben. Bestimmte Flugreisen werden gar nicht erst mehr angeboten, so Flüge in Zielgebiete unter einer Entfernung von 700 Kilometern.

Oder Sie kombinieren, wenn Sie und Ihr Mann sich nicht einigen können: eine Woche Segeln in der Ägäis, dann eine Woche Faulenzen am Strand.

Abwechslung bringt den Genuss und lenkt ab von der Routine. Allerdings kann man zu Hause auch viel erleben. Kennen Sie und Ihr Mann eigentlich wirklich die Geschichte Ihrer Stadt, in der Sie leben, die Anekdoten, die Geheimnisse? Dann buchen Sie sich doch mal eine Stadt-Tour – und wundern Sie sich. Positiv.

Alt, aber oho

Sie sind frisch verheiratet, das pralle Leben liegt vor Ihnen, Sie und Ihr Mann stecken voller Elan und Pläne. Aber haben Sie auch schon mal an später gedacht, wenn Sie beide nicht mehr arbeiten und die Kinder aus dem Haus sind?

So ein Quatsch, denken Sie sich, müssen wir doch jetzt noch nicht. Gut, lassen Sie's bleiben, nur: mit 67 Jahren könnten Sie dann mächtig frustriert sein und sich fragen: Warum haben wir nicht früher über unsere Wünsche geredet und dazu genug Geld beiseitegelegt?

Immerhin: Die Deutschen sparen wie nie. Das gesamte Geldvermögen der privaten Haushalte belief sich 2006 auf 4401 Milliarden Euro, ein neuer Rekordwert. 4,4 Billionen Euro! Das hat die Deutsche Bundesbank errechnet. Gehören Sie und Ihr Mann zu diesen Sparern?

57 Prozent der Deutschen legen etwas fürs Alter zurück. Träume und Ziele entwickeln sich kaum urplötzlich. Sie oder Ihr Partner haben schon immer einen bestimmten Wunsch gehegt, für die nähere Zukunft oder auch für die Jahre, wenn Sie das Leben ohne jeden Druck noch einmal richtig genießen können.

Ein Leben ohne Geld ist unschön. Dass man es auch ohne jegliche Knete genießen kann, behaupten immer nur diejenigen, die schon genug besitzen. Und dass überhaupt Geld nicht glücklich macht, stimmt so auch nicht. Gewiss, für ein glückliches Leben sind noch andere Faktoren wie Gesundheit und Liebe extrem wichtig, doch wer möchte schon behaupten, dass Geld umgekehrt richtig unglücklich macht?

Der Sozialpsychologe Michael Argyle hat 100 Supermillionäre mit mehr als 125 Millionen Dollar Vermögen befragt. Von ihnen fühlten sich 67 Prozent glücklich. Bei einer Kontrollgruppe von zufällig ausgewählten Amerikanern behaupteten 62 Prozent, sie seien glücklich.

Geld ist gemünzte Freiheit, sagte schon Dostojewski. Nun müssen Sie nicht unbedingt Geld ohne Ende haben, zu den Multimillionären gehören, um zu den Glücklichen zu gehören. Im Kleinen passt es ja schon, wenn Sie nicht bei jedem Gang zum EC-Automaten zittern müssen, im Großen, wenn Sie etwas ausgeben können, ohne groß darüber nachzudenken. Wenn Sie sich einfach etwas leisten dürfen.

Wie war das? Nach Ihrem ersten Mallorca-Urlaub haben Sie beschlossen, Spanien zu lieben. Dieses wunderbare Land mit einem idealen Klima, der tollen Küche und interessanten Sprache. Ihre Sehnsucht ist es, dort später Ihr Leben zu verbringen.

Arbeiten Sie gemeinsam auf solche Träume hin, sprechen Sie es aus, dass Sie dort am liebsten wohnen möchten, in einer eigenen kleinen Finca womöglich? Wenn Sie nicht sagen, was Sie gern hätten, können Sie auch nicht gemeinsam darauf hinsparen. Sonst gehen Sie am Ende baden:

Und so ist einer von beiden unglücklich im Alter. Es muss nicht Spanien oder die Segelyacht sein – es können auch kleinere Dinge des Lebens zum größeren Problem im letzten Abschnitt Ihrer Ehe werden. Etwa der Kauf des Wunschautos oder die Anschaffung eines Heimkinos.

So nicht!

Gut, Sie teilen seine Segelleidenschaft, doch konnten Sie ahnen, dass er Ihr gemeinsames Haus für ein Boot verkaufen möchte, um anschließend die schönsten Häfen Europas wenn nicht gar der Welt anzusteuern?

Das kommt Ihnen ja nun doch ein bisschen zu plötzlich. Das schöne Haus. Nein, das geht nicht.

Kurz und gut:

- Beweisen Sie ihm, dass auch emanzipierte Frauen bügeln.
- Nutzen Sie die Küche als Kommunikationszentrum!
- Stellen Sie gemeinsam eine Putzfrau ein, wenn Sie es sich leisten können.
- Teilen Sie die Arbeit auf.
- Prüfen Sie, ob Sie sich wirklich ein Haus leisten können oder wollen.
- Einigen Sie sich vorm Besuch eines Einrichtungshauses vorab auf die Möbel, die Sie tatsächlich benötigen.
- Entscheiden Sie gemeinsam über das Auto, aber denken Sie an die Zukunft.
- Entspannen Sie sich schon vorm Urlaub durch die Wahl des richtigen Urlaubsortes und der Aktivitäten.
- Trennen Sie sich ruhig mal beim Einkaufen, damit Sie es auch genießen können.

Die gute Mutter

Aktuell liegt die Geburtenquote pro Frau in Deutschland bei 1,37 Kindern. Wünschenswert ist ein Wert von 1,7. Statistisch gesehen sind Frauen von einem Kind wesentlich überzeugter als Männer. In Deutschland will immerhin jeder vierte Mann kinderlos bleiben, 25 Prozent, ein ziemlich hoher Wert. Dagegen möchte nur jede siebente Frau auf Nachwuchs verzichten.

Sie werden sich vorm Elternwerden also sicher ausgetauscht haben über Wünsche, Pflichten und Sorgen. Bei der Entscheidung für ein Kind darf es keinen Alleingang geben!

Und wie soll es denn heißen?

Manchmal kann es Streit über die simpelsten Dinge geben. Na gut, der Name Ihres ersten Kindes ist kein simples Ding. Doch nach der ersten Euphorie der Schwangerschaft geht es beim Namen ans Eingemachte. Schließlich müssen Sie und Ihr

Mann nun etwas für ein ganzes Leben entscheiden. Für Ihres, aber was noch viel wichtiger ist: das Ihres Kindes.

Wenn Sie sich Tipps aus Büchern oder aktuellen Trendlisten holen möchten, sollten Sie vielleicht eher einen Namen aus dem Mittelfeld wählen, so heißt dann zumindest nicht jeder zweite, und Sie sind dennoch aktuell. Es ist doch bitter, wenn später in der Schule beim Aufrufen des Namens 50 Prozent der Ärmchen hochfliegen und »hier« gerufen wird.

Zur Warnung die in Deutschland momentan beliebtesten Kindernamen:

bei Mädchen	bei Jungen
1. Anna	1. Lukas
2. Leonie	2. Leon
3. Lea	3. Luca
4. Lena	4. Tim
5. Hannah	5. Paul
6. Laura	6. Jonas
7. Lara	7. Finn
8. Emily	8. Max
9. Sarah	9. Niklas
10. Lilly	10. Luis

Schreiben Sie auf einen Zettel mehrere Lieblingsnamen auf, legen Sie ihn einige Tage beiseite, vielleicht gefallen Ihnen die einen oder anderen Namen nach einiger Zeit gar nicht mehr so gut! Vor allem längere Namen werden früher oder später von der umgebenden Bevölkerung abgekürzt, ob man will oder nicht. Probieren Sie, welche Abkürzungen dann wohl zustande kämen und ob der Name dann auch noch gut klingt. Bevor Sie dem Namen eine ungewöhnliche Schreibweise verpassen, sollten Sie bedenken, dass sie bei jeder Namensnennung mitbuchstabiert werden muss und man innerlich leicht grollt, wenn er zum tausendsten Mal falsch geschrieben wird.

> **Tipp!**
> Achten Sie auch darauf, wie Vor- und Nachname zusammenpassen!
> - Wenn der Vorname mit demselben Buchstaben aufhört, mit dem der Nachname anfängt, wird schnell mal genuschelt oder gestottert, beispielsweise bei Anna Ackermann, Roman Nolte, Chantal Ludwig und so weiter.

Während es beispielsweise in Griechenland heute noch weit verbreitet ist, den Kindern die Namen der Großeltern zu geben, ist hierzulande die Namenswahl grundsätzlich Ihre eigene Sache! Eltern oder Großeltern verweisen zwar manchmal auch auf die Familientradition, aber wollen Sie Ihrem Kind antun, dass es auf Kunigunde oder Hermann hören muss?

Wollen Sie, dass Ihr Kind Sie hasst? Dann ignorieren Sie einfach die Vorschläge. Oder Sie und Ihr Mann nehmen in Kauf, dass das Kind, kaum dass es 18 Jahre alt, den Vornamen wegen seelischer Grausamkeit ändern lässt. Und den Nachnamen gleich dazu …

Ihre neue Rolle: Mama

Der anfängliche Wahnsinn

Sie kennen die Anzeigen in den Zeitungen, oder? In denen sich die Eltern überschwänglich freuen, dass Julia Desirée oder Alexander Felix nun auf der Welt sind, und allen mitteilen, wie schwer, wie groß, ja überhaupt wie toll ihr Kind ist. Das Wunschbaby, der Traum.

Allerdings bedeutet ein Kind einen radikalen Einschnitt in Ihr bisheriges Leben. Radikaler, als Sie vielleicht dachten. Sie müssen sich umstellen, an alles gewöhnen – das ist vollkommen normal. So klein dieser Mensch ist, er krempelt Ihren vom Berufsleben geprägten Alltag von Grund auf um.

Immer mehr Frauen sind heute berufstätig. Doch beim beruflichen Aufstieg stockt es irgendwie. Ein Haupthindernis liegt darin, dass sich an der häuslichen Arbeitsteilung zwischen Frauen und Männern nur relativ wenig verändert hat. Der Kern der traditionellen Hausarbeiten – Waschen, Putzen und Kochen – wird in 75 bis 90 Prozent der Familien von den Frauen erledigt. Und obwohl 80 Prozent der Väter angeben, dass sie gerne mehr Zeit mit ihren Kindern verbringen würden, investieren Frauen, sogar die berufstätigen, doppelt so viel Zeit in die Kinderbetreuung wie ihre Männer. 56 Prozent der Männer mit Kinderwunsch wären zwar unter bestimmten Bedingungen bereit, nach der Geburt eines Kindes in Elternzeit zu gehen, tatsächlich tun dies nur knapp fünf Prozent der Väter. In Schweden dagegen machen 36 Prozent der Väter von diesem Recht Gebrauch.

Gemäß dieser Statistik sind also *Sie* es, die – zumindest zeitweise – aus dem Beruf aussteigt. Warum eigentlich? Vielleicht haben Sie von beiden Elternteilen die intensivste Beziehung zu Ihrem Baby, weil es neun Monate in Ihrem Bauch gewachsen ist, Sie die Entwicklung im wahrsten Sinne des Wortes hautnah miterlebt haben. Und Sie schließlich auch noch die Geburt über sich ergehen lassen mussten, was wahrlich kein Vergnügen war.

Nun ist der Wonneproppen also da, und Ihr Leben ändert sich komplett. Um nicht zu sagen: Es gibt jede Menge Stress!

Auch in Ihrer Ehe. Das fängt damit an, dass Sie ja nun kaum noch eine ruhige Minute haben. Gut, vielleicht ein paar Stunden zwischendurch, in denen Sie nicht stillen und das Baby schläft.

Ihr Mann bekommt von alledem kaum etwas mit. Er arbeitet weiter wie gewohnt; wahrscheinlich ruft er nur häufiger daheim an, um sich nach dem Kind und Ihnen zu erkundigen. Da werden Sie ihm berichten, dass das Baby wohlauf ist, heute mal weniger geschrien hat – und Sie selbst verdammt müde sind. Letzteres wird ihn nicht unbedingt groß interessieren, weil er es weiß.

Wetten, dass Sie irgendwann richtig sauer auf Ihren Mann werden?

Dabei ist es keine Bequemlichkeit oder kein typisches Macho-Verhalten, das Ihren Mann leitet. Er kann in dieser Phase einfach noch nichts für Ihr Kind tun. Ob er will oder nicht. Dabei haben ihn schon vor der Geburt jede Menge Gedanken gequält. Für die meisten Männer spielen schließlich Unabhängigkeit und Status eine große Rolle. »Ein Baby behindert die Unabhängigkeit sehr stark, deshalb haben viele Männer Probleme, ihre Vaterrolle anzunehmen«, sagt die Psychotherapeutin Gisela Preuschoff. »Als Hauptverdiener in den meisten Familien machen sie sich verständlicherweise auch Gedanken um die finanzielle Verantwortung und geraten manchmal in Panik.«

Außerdem fehlt Ihrem Mann ein Ventil. Im Gegensatz zu Frauen, die sich oft und gern mit Freundinnen über Sorgen und Nöte austauschen, vermeiden Männer in der Regel intime Gespräche, weil sie nichts von sich preisgeben möchten. Nur: den augenscheinlichen Stress haben Sie!

Es fängt bereits in der Nacht an. Da müssen Sie raus, um das Baby zu stillen. Wahrscheinlich zweimal in der Nacht, obwohl Sie doch selbst den Schlaf so dringend nötig haben! So haben Sie sich den Traum vom Kind wahrlich nicht vorgestellt, der kleine Wonneproppen, der da elend lange an Ihren Brustwarzen saugt, bis sie beginnen zu schmerzen.

Und Ihr Mann? Der wird Sie in den ersten Nächten beim Stillen noch verzückt beobachten, dann immer häufiger wieder wegschlafen und nach gar nicht allzu langer Zeit mit Nachdruck seinen Umzug auf die Couch im Wohnzimmer vorschlagen.

Erlauben Sie es ihm! Es ist unnötig, dass Sie die kommenden Monate beide um den Schlaf gebracht werden. Sie sind ohnehin in einer Stresssituation, die müssen Sie durch so ein überflüssiges Geplänkel nicht auch noch verstärken.

So geht's: Wochenenddienst

Um Ihr Schlafdefizit wenigstens ein-, zweimal pro Woche auszugleichen, kann Ihr Mann am Wochenende die Nachtschicht übernehmen: aufstehen, Ihnen das Baby bringen, nach dem Stillen wieder abtransportieren, Windeln wechseln. Oder bei etwas größeren Babys den Schnuller suchen (im Zweifelsfall immer am Fußende des Schlafsacks), einen Schluck Wasser oder Tee verabreichen.

Ihr Job bei dieser Aufteilung ist dann bei allernächster Gelegenheit im Verwandten- oder Freundeskreis, Ihren Supervater für diese nächtliche Heldentat ausführlich und laut zu loben. Er wird es genießen – und öfter Nachtschicht schieben!

Was ist dabei, wenn Ihr Mann unter der Woche, wenn er am nächsten Morgen früh zur Arbeit muss, umzieht? Er liebt Sie und das Kind deshalb nicht weniger, aber er muss morgen früh fit sein. Und wenn das Baby tatsächlich um 5 Uhr früh wieder einschläft, werden Sie nicht zwei Stunden später wieder von ihm geweckt. Sie und Ihr Baby können dann ein Stündchen länger schlafen – bis der kleine Hunger wiederkommt. Mit ein bisschen Glück hat Ihr Mann dann aber die Kaffeemaschine für Sie angestellt.

Keine Angst. Die bösen Schatten unter Ihren Augen verschwinden schnell, wenn das Kind feste Nahrung zu sich nimmt und bald auch durchschlafen wird wie Sie. Glückwunsch, eine der gröbsten Situationen haben Sie und Ihr Mann gemeistert.

Die tägliche Routine

Mit einer Person mehr in Ihrem Haushalt gerät das gewohnte Leben schon leicht aus den Fugen. Egal, ob Sie früher über Ihren Job gestöhnt haben: Die so hart gefühlte Vergangenheit wird Ihnen – womöglich etwas verklärt – leichter gegenüber Ihrem jetzigen Dasein vorkommen.

So nicht!

Passen Sie auf, dass Ihr Kind nicht zum Beziehungskiller wird. Die Gefahren für Ihre Ehe sind jetzt größer, als Sie und Ihr Mann vielleicht annehmen. Sie machen nichts mehr allein als Paar. Ihrem Mann fehlt das Verständnis, wenn Sie erschöpft sind. Sie wiederum widmen ihm zu wenig Aufmerksamkeit. Sie sprechen nur noch über das Baby. Sie fühlen sich ausgebeutet und ins alte Frauenschema gedrängt. Außerdem wird Ihre Leistung nicht anerkannt.
Erwarten Sie nicht zu viel und seien Sie ehrlich gegenüber sich und Ihrem Mann: Der Haushalt bleibt zwangsläufig an Ihnen hängen.

Was Sie früher gegenüber Freundinnen und Bekannten brüsk von sich gewiesen haben und was nie, nie passieren wird, ist nun eingetreten: Sie sind eine Hausfrau! Eine unbekannte, neue Rolle, in der Sie gefordert sind.

Zunächst einmal: Ihr Mann dreht in seinem Job bestimmt keine Däumchen und wartet den Feierabend ab. Sondern er muss verdammt viel tun für sein Gehalt. Damit es Ihnen und Ihrem Kind auch gutgeht. Er würde Sie sicher gern unterstützen, wenn er könnte. Aber wie kann er es?

Es kommt auch ein bisschen auf Sie und vor allen Dingen auf das Kind an: In den ersten Lebensmonaten und -jahren hat Ihr Mann während der Woche nur wenig Chancen, sich nützlich zu machen. Er kann gelegentlich was aus dem Supermarkt mitbringen, sich abends mit dem Kind beschäftigen, füttern, wickeln, waschen, es ins Bett bringen. All das wird er gern erledigen, wenn er es kann, am Abend und nachts.

Und am Wochenende ist er mit noch mehr Begeisterung dabei. Genießen Sie es, Sie dürfen nun ruhig auch Ihre Freiräume nutzen und müssen Ihre Lieblinge nicht überallhin begleiten.

Er wird das Kind in den Park fahren oder in den Zoo, es voller Stolz auch seinen Kumpels präsentieren. Und mit ihm spielen, das gelingt ihm als Mann ohnehin mit Leichtigkeit.

Nur: In der Woche tagsüber bleiben Kind und Haushalt zumeist an Ihnen hängen.

Nörgeln Sie nicht, ertragen Sie putzen, waschen, kochen, einkaufen mit Demut, quälen Sie Ihren Mann nicht mit Vorwürfen. Er hat sie schlicht nicht verdient. Und deshalb wird er auch unschön reagieren, wenn Sie's trotzdem tun: Es gibt Streit und damit noch mehr Stress. Überflüssig, oder? Denken

Sie einfach, wenn es Ihnen nicht gutgeht, daran, dass es nicht ewig so bleibt, wie es heute ist. In naher Zukunft schon werden Ihr Mann und das Kind gemeinsam das Haus verlassen: Richtung Kindergarten und Arbeit. Sie haben dann wieder viel mehr Zeit für sich, kehren womöglich wieder in Ihren Job zurück. Und alle sind glücklich.

Reden, reden, reden

Ihr Mann ist leider häufig abwesend und bekommt zwangsläufig wenig von der Entwicklung Ihres Kindes mit, also erzählen Sie ihm so viel wie möglich. Zum ersten Mal wird Ihnen Ihr Mann bedingungslos zuhören und Sie für Ihr Mitteilungsbedürfnis lieben. Informieren Sie den Vater Ihres Kindes über jeden noch so kleinen Fortschritt. Das erste Krabbeln, Aufstützen, neue Worte, anderes Essen, Lieblingsspielzeug – alles ist wichtig, für Ihr Kind, für Ihren Mann. Er wird sich über jede Neuigkeit freuen, und natürlich ist es für ihn enorm wichtig, alles zu erfahren. Denn Sie versorgen und erziehen das Kind ja mit Ihrem Mann gemeinsam. Und er kann sich beim besten Willen nun einmal nicht mehr daran erinnern, wie es bei ihm früher selbst gewesen ist.

Zudem hat sich in der heutigen Zeit vieles geändert. Sie beschäftigen sich den gesamten Tag mit der bestmöglichen Versorgung des Kindes. Was isst es, was soll es essen? Gibt es Tipps von Ernährungsberatern, von anderen Müttern oder gar der Oma? Erzählen Sie es Ihrem Mann weiter. Diese Informationen saugt er begierig auf.

Für das Baby ist die Ernährungsfrage noch relativ einfach. Zuerst Muttermilch, dann Zusatzkost, Brei. Etwas komplizierter gestaltet sich das richtige Essen im zunehmenden Alter. Häufig essen Kinder zu viel, zu süß und zu fettig. Überall locken süße Snacks und Softdrinks für Zwischendurch. Gleichzeitig bewegen sich viele Kinder und Jugendliche zu wenig. Anstatt Sport zu treiben oder draußen zu spielen, verbringen sie ihre Freizeit vor dem Fernseher oder Computer. Dieses Ungleichgewicht führt dazu, dass immer mehr Kinder und Jugendliche übergewichtig sind. Bei Schuleingangsuntersuchungen zeigte sich, dass etwa – je nach Region – 10 bis 18 Prozent der Kinder und Jugendlichen in Deutschland zu viel wiegen. An einer schweren, krankhaften Form des Übergewichts, der Adipositas, leiden sogar etwa 4 bis 8 Prozent der Kinder – und der größte Teil der stark Übergewichtigen trägt diese Last lebenslang. Den Vorwurf müssen sich dann die Eltern machen.

Wie lief die Routinekontrolle beim Arzt? Hat der Doktor noch etwas mit auf den Weg gegeben? Sind Impfungen fällig – vielleicht sogar für Ihren Mann, sicherheitshalber, damit er das Kind nicht ansteckt? Beziehen Sie ihn also dringend ein!

Mach mal Pause!

Es wird einen Abend geben in der frühen Phase Ihres Mutterseins, da erleben Sie eine Überraschung. Ihr Mann kommt nach Hause und sagt Ihnen, dass Sie Ihre Freundinnen anrufen sollen, um mit ihnen etwas zu unternehmen. Hoppla! Nehmen Sie das Angebot an, es wird nicht oft kommen, aber in diesem Fall wirklich von Herzen.

Ihr Mann hat sich schon etwas dabei gedacht. Er ist ja kein ungehobelter Klotz, der nicht bemerkt, dass Ihre Nerven in den vergangenen Wochen leicht und der Kontakt zu Ihren Freundinnen sehr gelitten haben, seitdem sie bei Ihnen waren, um das Kind zu sehen. Also, keine falschen Muttergefühle:

Raus aus dem Haus, erleben Sie endlich mal wieder was ohne Reue!

Ihr Mann kann das Kind am Abend genauso gut selbst versorgen. Sie müssen deshalb auch nicht jede Stunde anrufen, ob daheim alles in Ordnung ist. Er wird das schon schaffen, genießen Sie einfach diesen Abend.

Sie können sicher sein, dass sich zwischen Ihren beiden Liebsten daheim etwas sehr Schönes abspielt.

Ihr Mann hat nun zum ersten Mal so richtig allein die Verantwortung für Ihr gemeinsames Kind; er wird es hegen, pflegen, nicht aus den Augen lassen, weil er auch immer wieder sehen möchte, was er (und natürlich auch Sie) da Wunderbares zustande gebracht haben.

Es ist es jetzt einer der stolzesten Momente in seinem Leben, in dem er vielleicht eine Träne verdrückt. Schade ist nur, dass Sie nicht dabei sind. Aber dann hätte es diesen magischen Moment für ihn auch nicht gegeben.

Let's have a party

Ihre Freizeitgestaltung hat in letzter Zeit aufgrund des kleinen Wonneproppens etwas gelitten, nicht wahr? Peppen Sie also Ihren Bedarf nach Kontakten auf.

Bestimmt gibt es viele andere Mütter, denen es ebenso geht. Also treffen Sie sich abwechselnd daheim zu kleinen Feiern, stoßen Sie mit einem Prosecco auf das Glück des Lebens an. Es muss ja nicht immer der Geburtstag eines der Kinder sein.

Das erweitert nicht nur den Horizont in Sachen Erziehung und Beziehung, sondern auch den Bekanntenkreis enorm. Lernen Sie Leidensgenossinnen kennen und profitieren Sie davon: Andere Eltern können als Babysitter mal einspringen, wenn Sie etwas Dringendes zu erledigen haben. Oder aber Sie holen abwechselnd die Kinder vom Kindergarten ab, schaffen sich so gegenseitig Freiräume. Da freut sich auch der Papa!

> **So nicht!**
> Aber machen Sie Ihrem Mann zuliebe nicht einen großen Fehler: Werden Sie und Ihre neuen Bekannten oder Freundinnen nicht zu einer Herde von Muttertieren. Nur wenig schreckt einen Mann mehr ab, als ständig verzückt lächelnde Frauen, die die Kinder im Allgemeinen bedingungslos verhätscheln und im Besonderen die Väter verteufeln und mit Vorwürfen überziehen, die dann in der nie bewiesenen These gipfeln: Alle Männer sind Schweine!

Hier ist dann leider ganz schnell Schluss mit lustig. Ihr Mann wird Ihre Bekannten in Zukunft meiden – und sich vielleicht auch deshalb öfter verkrümeln. Also Vorsicht!

Urlaub der anderen Art

Die Zeiten sind vorbei, wo Sie und Ihr Mann allein die schönsten Wochen des Jahres verbracht haben. Nun sind Sie plötzlich zu dritt – und dürfen sich auf ein Vergnügen der besonderen Art freuen.

Mit der Ihnen eigenen positiven Grundeinstellung sind Sie und Ihr Mann ins Reisebüro gegangen und haben sich Ihren Urlaub ausgesucht. Sicher, es gab diesmal ein paar neue Erfahrungen. Statt eines simplen Doppelzimmers musste ihre Minifamilie dieses Mal ein Dreibett-Arrangement buchen, und bei der Auswahl des Ferienklubs haben Sie wie Ihr Mann natürlich darauf geachtet, dass er kinderfreundlich ist.

Klar war aber auch: Sie wollen weit weg, um dem Stress der vergangenen Monate mal so richtig zu entfliehen und die Seele baumeln zu lassen. Mit Kind?

So nicht!

Schon als Sie sich mit Ihrem Mann für Florida entschieden haben, hat die Reisebürokauffrau merklich gezuckt und skeptisch den Buchungscode eingegeben. Das haben Sie zwar bemerkt, aber was soll's?

Klar, es ist eine weite Reise, besonders für Ihr Kind, aber es soll ja so früh wie möglich etwas sehen von dieser Welt.

Das Ende vom Urlaub beginnt schon bei dem Flug. Vielleicht hätten Sie die Tatsache, dass Ihr Kind erst mit zwei Jahren einen Anspruch auf einen eigenen Sitzplatz hat, der dann auch bezahlt werden muss, nicht mit der Bemerkung »wenn tatsächlich nichts frei bleibt, nehmen wir es eben auf den Schoß« abtun sollen. Sie wussten doch aus leidiger Erfahrung, dass Ihr Sonnenschein noch nie länger als ein paar Stunden geschlafen hat. Nun im Flieger macht er richtig Alarm.

Was ein Druckausgleich in der Kabine und auch in seinen Ohren bedeutet, das weiß Ihr Kind nicht. Also schreit es erst mal. Kann sein, ein paar Minuten. Vielleicht aber auch eine Stunde oder zwei oder noch länger? In den Sitzreihen vor und hinter Ihnen vernehmen Sie zunehmendes Murren.

Sie hatten sich jede Menge Lektüre mit an Bord genommen, weil Sie nun ein paar Stunden Zeit haben zu lesen. Ihr Mann dachte das auch. Haben Sie vorher abgemacht, wer sich um Ihr Kind kümmert? So ein paar Kilo auf Ihrem Schoß können Ihnen auf Dauer so schwer vorkommen wie eine Tonne. Und diese zappelt auch noch munter herum. Denn Ihr Kind darf an Bord schließlich nicht umherrennen, die mitgebrachten Spielfiguren haben schnell an Reiz verloren, auch das kleine Geschenk der Fluggesellschaft hat in Sachen Funktion und Spieltrieb bereits alles verloren, das Essen ist ohnehin zu großen Teilen auf dem Kabinenboden gelandet oder wurde vor Aufregung erst gar nicht angerührt.

Überlegen Sie deshalb gut, welche Art von Urlaub Sie Ihrem Kind – und sich! – wirklich zumuten wollen. Nicht nur Ihr Leben zu Hause in den eigenen vier Wänden hat sich verändert! Auch im Urlaub sind Sie Mama. Sie und Ihr Mann werden auch die Erfahrung machen, dass dieser Urlaub – egal wie kindgerecht Sie ihn vor Ort geplant haben – zu einer ungeahnten Belastung werden kann, bei der Sie sich nicht wie gewohnt so richtig komplett erholen können.

Das ungewohnte Klima wird Ihr Kind regelrecht umhauen, weil es schlicht Hitze und Sonnenschein kaum gewöhnt ist. Dementsprechend nörgelig verhält es sich, während Sie und Ihr Mann doch dachten, es wäre schön für das Kleine, mal etwas anderes zu erleben als den heimischen Spielplatz oder Zoo.

Hinzu kommt die Essensumstellung. Und die neue Umgebung, das Zimmer. Sie schlafen mit Ihrem Kind nun wieder in einem Raum, wo Sie doch dachten, das läge nach der Stillzeit hinter Ihnen.

Auch das absolute Faulenzen am Pool oder am Strand fällt weg. Einer von Ihnen muss immer die Aufsicht führen, schauen, was Ihr kleiner Racker so treibt. Kleinkinder werden in Kindergärten von Ferienklubs nur ein paar Stunden beaufsichtigt. Wenn überhaupt. Andererseits wollten Sie ja auch Urlaub als Familie machen. Nur ist ein Familienurlaub nicht mehr so, wie Urlaube früher waren.

Genießen sollen Sie ihn trotzdem, anders eben; und Sie können das, wenn es vorher klare Absprachen gab, wer sich wie und wann um das Kind kümmert, damit alle ein bisschen Erholung finden.

Vorsicht!
Kinder sind vor allem durch Infektionen stärker gefährdet, da ihr Abwehrsystem oft noch nicht ausgereift ist und im kindlichen Organismus gegen viele, auch harmlose Infektionen noch keine Abwehrstoffe aus früheren Erregerkontakten existieren. Zudem reagieren Kinder weitaus sensibler auf Veränderungen im regulären Tagesablauf und im Ernährungsregime. Besonders zu beachten ist, dass bei Kindern eine andere Relation zwischen Körperoberfläche und Körpergewicht besteht.

Relativ gesehen ist die Hautoberfläche größer als bei Ihnen. Das bedeutet, dass die Gefahr von Flüssigkeitsverlusten durch Schwitzen, das Risiko von negativen Umwelteinflüssen (auch zu intensiver Sonnenstrahlung) größer sind.

Die relativ große Hautoberfläche des kindlichen Organismus und die zarte, dünne Haut gefährden sie besonders für einen Sonnenbrand. Dieses Risiko wird von vielen Eltern unterschätzt. Sie selbst erwischt ja schon meist am ersten Tag ein Sonnenbrand.

Besonderen Schutz muss der Kopf des Kindes erhalten.

Helle Mützchen oder Hüte sind daher beim Aufenthalt in der Sonne Pflicht, sonst drohen Sonnenstich oder Hitzschlag.

Vorsicht mit dem Barfußlaufen an unbekannten Stränden oder im Binnenland. Scherben und Parasiten können über die Fußhaut eindringen. Kleine Verletzungen sind bei herumtollenden Kindern bekanntlich häufig. Sie müssen nicht dramatisiert werden. Aber aufpassen sollten Sie schon!

Die Reserven des kindlichen Organismus sind auch geringer als beim gesunden Erwachsenen. Ein Durchfall bei kleinen Kindern ist wegen des Flüssigkeits- und Salzverlustes daher weitaus bedrohlicher.

Vor einer Fernreise mit Kindern sollte unbedingt mit einem Arzt besprochen werden, welche Schutzmaßnahmen sinnvoll sind. Nicht jede mögliche Impfung kann im konkreten Falle beim jeweiligen Reiseziel sinnvoll sein. Auch Impfungen bergen gewisse Risiken, und die sollten nicht höher als das Erkrankungsrisiko sein. Vor jeder Fernreise muss der Impfausweis des Kindes kontrolliert werden. Sie möchten sicher nicht direkt bei der Einreise zurückgeschickt werden.

Tipp:

Denken Sie bei der Urlaubsplanung daran: Was Sie sich vorstellen, steht vielleicht im genauen Gegensatz zu den Bedürfnissen des Kindes. Vielleicht tut es da auch ein Kurztrip an Nord- oder Ostsee oder der Besuch in den Bergen mit ein paar entspannten Tagen auf dem Bio-Bauernhof. Dort kann das Kind ebenso Erfahrungen sammeln.

Die großen Reisen machen Sie dann später, wenn alle etwas davon haben und sich richtig erholen können. Vom Job und von der Schule.

Terroristen des Konsums

Ob es sinnvoll ist, dass in Deutschland Schuluniformen eingeführt werden, darüber gibt es geteilte Meinungen. Sinnvoll wären sie in vielen Fällen schon.

Denn streben schon die meisten Erwachsenen danach, etwas herzumachen und ihr Gegenüber allein durch das Aussehen zu beeindrucken und so einen möglichst hohen Status zu erhalten, so ist das bei Kindern oft noch extremer ausgeprägt.

Ohne die angesagtesten Kleidungsstücke sind sie in der Schule ein Nichts, fast schon ausgestoßen aus dem dann nicht mehr zu findenden Freundeskreis. Wie weit machen Sie da mit? Und wie glaubwürdig wären Sie dabei in Prada-Schuhen oder Ihr Mann in einem Boss-Outfit?

Fakt ist: Kinder werden mit Werbung bombardiert und nehmen diese ungefilterter auf als Erwachsene. Markenklamotten müssen also her, damit sie voll im Trend liegen. Haben Sie das Geld dafür?

Wenn ja, stehen Sie und Ihr Mann vor einer schwierigen Entscheidung. Tragen Sie alles mit, weil Sie das scheinbar Beste für Ihr Kind wollen? Und weil Sie es schließlich auch gehasst haben, in den alten Sachen Ihrer größeren Schwester oder Cousine herumzulaufen? Schwierig. Auf jeden Fall müssen Sie mit Ihrem Mann auf einer Linie liegen und dürfen sich nicht gegeneinander ausspielen lassen. Kinder sind wahre Konsumterroristen und fordern manche Dinge penetrant nachhaltig. Wenn Sie Ihre scheinbare Ruhe haben wollen und jeden Wunsch erfüllen, sind Sie leicht mehrere hundert Euro im Monat los.

Also stoppen Sie diesen Terror schnell! Designermäßig durchgestylt muss Ihr Kind nicht zur Schule rennen oder zum Kindergeburtstag. Machen Sie ihm klar, dass sich der

Wert des Menschen nicht nach dem Äußeren bemisst. Zu philosophisch für Ihr Kind? Nein, zeigen Sie als Beispiel den Nachbarjungen auf, der in den abgewetztesten Klamotten herumrennen muss, der aber trotzdem einer der nettesten Kerle der Welt ist.

So geht's!
Ein anderes probates Mittel: Geben Sie Ihrem Kind ruhig einen Einblick in das Elend dieser Erde. Dass zum Beispiel die Turnschuhe, die es haben will, von einem vielleicht Gleichaltrigen irgendwo in einem Kaff der Dritten Welt zusammengenäht werden, der sich für seinen Hungerlohn dann gerade eine Schüssel Reis leisten kann. Und ob es nicht sinnvoller wäre, auf die Schuhe zu verzichten und für ein Sechstel des Preises monatlich ein Kind zu unterstützen, damit es regelmäßig zu essen hat und eine Ausbildung erhält? Kinder verstehen solche simplen Weisheiten.

Der andere Problemfall ist das Spielzeug. In mittlerweile mehreren Kinderkanälen wird den Kids mit knalliger Werbung suggeriert, dass sie stets die neueste Spielkonsole und die entsprechenden Games haben müssen, um hipp zu sein. Oder die neueste Action-Figur oder das x-te Püppchen mit einem immer lächerlicheren Pony dazu.

Muss es nicht.

Nur Ihr Kind will es leider einfach haben, Sie und Ihr Mann nicht. Also: Bleiben Sie bei einem gemeinsamen Nein und lassen Sie sich nicht durch ein noch so weinerliches Betteln oder ständiges Genörgel von Ihrem Bremsen des sinnlosen Konsums abbringen.

Nur wenn sich ein Wunsch wirklich über Monate konstant

hält, sollten Sie Ihr Kind glücklich machen und das Christkind informieren oder den Osterhasen oder der Oma einen Geburtstagstipp geben.

Fernsehverbot und Stubenarrest

Es kommt immer mal vor, dass jemand, den man besonders lieb hat, richtigen Mist baut.

Wenn es Ihr Mann ist, können Sie ihm das sagen, ihm böse sein oder einfach auch durch hartnäckiges Anschweigen und ihn Luft sein lassen innerlich brutal in die Bredouille bringen. Keine Frage, er hat seine Lektion schnell gelernt, gelobt Besserung und akzeptiert Ihre Strafe. Aber funktioniert das auch bei Kindern?

Erfahrungsgemäß haben Mütter die meisten Probleme mit ihren Kindern. Einfach, weil sie im täglichen Umgang mehr verbieten müssen, mehr fordern müssen, wie Zimmer aufräumen oder Spielsachen in der Wohnung zusammenpacken oder um mal klare Grenzen – bis hierher und nicht weiter – abzustecken.

Kinder gehen aber gelegentlich über ebendiese hinaus. In böser Absicht, weil sie rotzfrech sind oder unwillkürlich gedankenverloren, das soll ja nun in den besten Familien passieren. Was dann?

Die Klassiker der Strafen sind Fernsehverbot oder Stubenarrest. Wirkt immer, macht die Kinder richtig unglücklich. Es birgt aber auch eine kleine Gefahr für Sie, wenn sich die Kinderchen im Strafrecht auskennen und sie die Beziehung zu Ihnen als leicht zerrüttet betrachten.

So nicht!
Mehr als eine Woche Stuben- oder Hausarrest gilt als Freiheitsberaubung und wird nach Paragraph 239 wie folgt bestraft:
(1) Wer einen Menschen einsperrt oder auf andere Weise der Freiheit beraubt, wird mit Freiheitsstrafe bis zu fünf Jahren oder mit Geldstrafe bestraft.
(2) Der Versuch ist strafbar.
(3) Auf Freiheitsstrafe von einem Jahr bis zu zehn Jahren ist zu erkennen, wenn der Täter 1. das Opfer länger als eine Woche der Freiheit beraubt oder 2. durch die Tat oder eine während der Tat begangene Handlung eine schwere Gesundheitsschädigung des Opfers verursacht …

Nun ja, Ihre Kinder werden Sie nicht unbedingt vor Gericht zerren. Richtig kriminell kann es trotzdem werden, wenn Sie sich nicht mit Ihrem Mann abgesprochen haben.

Väter, zumal nicht der täglichen, oft stündlichen Nerverei der Kinder ausgesetzt, neigen häufig dazu, Verbote mit einer Grandezza lächelnd aufzuheben, ohne sich dabei bewusst zu sein, was sie anrichten. Und sich dann recht wohl fühlen in der Rolle: Papa ist der Beste!

Selbst dieses ungerechtfertigte Lob aus dem Kindermund wird Ihren Mann stolz machen, und er dürfte außerdem dank seines Schutzinstinktes gegenüber seinem Nachwuchs dazu neigen, seinen Entschluss auch selbst gegen Ihren unbedingten Willen durchzusetzen.

Also achten Sie darauf und sprechen Sie es früh mit Ihrem Mann ab: Einigkeit macht stark, sodass Ihre Kinder begreifen, dass nichts, aber auch rein gar nichts, einen Keil zwischen Sie und Ihren Mann treiben kann.

Du bist nicht meine Mama!

Sie und Ihr Mann haben ein Kind, nur leider ist es kein gemeinsames, sondern Sie oder Ihr Partner haben so einen süßen Fratz aus einer vorherigen Beziehung. Das kann zum Problem Ihrer Ehe werden, muss es aber nicht.

Wenn Sie ein Kind haben, das auch nach der Trennung von Ihrem ehemaligen Partner bei Ihnen lebt, können Sie es natürlich nicht zwingen, Ihren Ehemann und seinen Nicht-Vater zu lieben. Aber zumindest mögen sollte Ihr Kind diesen Mann. Wie Sie das anstellen, sei Ihrer Intuition überlassen; es kommt auch auf den Charakter Ihres Kindes an.

Ganz nützlich wäre es aber, wenn sich Vater und Ehemann zumindest mal kennengelernt haben. Väter reagieren hin und wieder leicht gereizt auf den neuen Partner und geben dieses negative Empfinden womöglich auch an das Kind weiter. Außerdem hat der Vater das Recht, den neuen Mann in Ihrem Leben mal aus der Nähe zu beschnuppern, um zu wissen, ob er beruhigt sein Kind in die Obhut Ihres Mannes geben kann.

Nichts wäre schädlicher als ständiges Misstrauen. Oder ein zufälliges, ungeplantes Zusammentreffen, das mit einem Streit eskaliert. Also: Regeln Sie das Verhältnis zwischen Ex und Ehemann schnell und konfliktfrei. Sie werden merken, dass die beiden tendenziell miteinander auskommen können.

Darauf, wie sich die Beziehung zwischen Ihrem Kind und Ihrem Mann entwickelt, haben Sie natürlich einen noch größeren Einfluss. Unternehmen Sie viel gemeinsam, loben Sie dezent – aber machen Sie auf keinen Fall den Vater schlecht. Das wäre womöglich – woran immer die Beziehung auch gescheitert sein mag – ihm gegenüber unfair, und es wird Ihr Kind nicht nur verstören, sondern womöglich aus Trotz enger an den Vater binden, wenn er denn kein Scheusal ist.

Ja, und wie müssen Sie es halten, wenn er ein Kind hat, das aber weiterhin bei seiner Mutter lebt? Keine einfache Situation für Sie.

Ihr Mann liebt dann zwei Menschen: Sie und sein Kind. Er muss sich nicht teilen, Sie müssen ihn nicht teilen, keine Angst. Aber sein Kind wird ihm sehr wichtig sein, die gemeinsame Zeit mit ihm, womöglich verbringen Sie sogar Wochenenden und Urlaube zusammen. Sie werden feststellen, dass sich Ihr Mann dem Kind mit einer absoluten Hingabe widmen wird, die Sie gar nicht für möglich gehalten haben.

Eifersüchtig? Unnötig!

Wenn Sie die Zuneigung vergleichen, gar aufrechnen, Vorwürfe machen, dann haben Sie schon automatisch verloren. Ihr Mann wird das Kind niemals aufgeben, Sie haben es schlicht zu akzeptieren, dass es da ist und geliebt wird.

Und wie sich Ihr Verhältnis zu ihm entwickelt.

Tipps

- Für Babys ist die Hauptbezugsperson besonders wichtig. Egal ob Vater oder Mutter: Wenn dieser Mensch beim Kind bleibt, verkraftet es die Trennung leichter.
- Bei Kleinkindern unter zwei Jahren gelingt es relativ leicht, die Zuneigung des Kindes zu gewinnen. Vorübergehende Verhaltensveränderungen sind normal. Es muss sich mit einer neuen Wohnsituation und einer neuen Person vertraut machen.
- Kindergarten- und Vorschulkinder brauchen Zeit und Hilfe, um sich auf eine Stieffamilie einzustellen und um über die Trennung von Vater oder Mutter zu trauern. Wichtig: Kinder dieses Alters glauben oft, selbst Ursa-

che des Problems zu sein. Daraus können sich Schuldgefühle entwickeln. Typische Reaktionen hierbei sind: Wut, Zorn, Eifersucht, Trauer. Nehmen Sie es also nicht persönlich – das Kind spielt hier eine Rolle, die sich im Lauf der Zeit verändert.

- Kinder zwischen 6 und 12 Jahren scheinen es am schwersten zu haben – sie sind meist schweren Loyalitätskonflikten ausgesetzt. Stiefeltern sollten ihr Bemühen um die Zuneigung des Kindes nicht übertreiben.

Es liegt an Ihnen, ob Sie durch die Hölle gehen. Denn so ein Fratz erkennt erstaunlich schnell die Schwächen seiner Ersatzmutter. Das nutzt ein Kind aus beim hemmungslosen Fordern von Süßigkeiten oder Spielzeug. Doch denken Sie daran: Liebe können Sie nicht kaufen! Arbeiten Sie lieber ohne Geschenke an der Beziehung und sagen Sie auch mal nein, auch wenn Sie dann kurzfristig in den Kinderaugen »ganz doof« sind.

Es liegt auch an Ihnen, ob Sie die Nerven behalten können. Denn es gibt eine für Sie erschütternde Aussage, die das Kind vielleicht mal machen wird, falls Sie etwas von ihm fordern oder verbieten: »Du hast mir gar nichts zu sagen. Du bist nicht meine Mama!«

Bitter! Besonders vor möglichst vielen Zeugen im Supermarkt oder im Ferienklub.

Statt spontan vor Wut zu explodieren, in Tränen auszubrechen und gar von Ihrem Mann zu fordern: das Kind oder ich, sollten Sie ziemlich cool mit einem Achselzucken reagieren, aber auf Ihrem Standpunkt beharren. Zumal das Kind ja auch recht hat: Sie sind nicht die Mutter.

Verbieten können Sie ihm trotzdem etwas und auch klarstellen, dass Sie sich nicht auf der Nase rumtanzen lassen. Ein bisschen Gelassenheit beim Abfinden mit dem Unabwendbaren gehört allerdings dazu.

Kurz und gut:

- Finden Sie sich damit ab, dass im Haushalt jetzt alles anders wird.
- Informieren Sie Ihren Mann über wirklich jeden Fortschritt Ihres Kindes.
- Stürzen Sie sich ins Leben zurück, sobald sich Ihnen die Chance dazu bietet!
- Knüpfen Sie Kontakte zu anderen Müttern und potenziellen Babysitterinnen.
- Planen Sie Ihren ersten Urlaub mit Kind wohlüberlegt, damit er nicht zur Tortur wird.
- Verwöhnen Sie Ihre Kinder nicht zu sehr und grenzen Sie ihren Konsumbedarf ein.
- Einigen Sie sich mit Ihrem Mann auf vernünftige Verbote und Strafen!
- Akzeptieren und lieben Sie auch das nicht gemeinsame Kind.

»Fulltimejob statt Hausfrau: Sie führen Ihr eigenes Leben, aber die Freiheit ist nicht grenzenlos.«

Arbeit und mehr: das Leben außer Haus

Selbstverständlich Karriere: wenn beide voll berufstätig sind

Frauen haben es schwer im Beruf, etliche Frauen aber haben sich in ihrer Firma durchgeboxt, weil sie nicht an die frustrierte Definition ihres Geschlechts von Simone de Beauvoir geglaubt haben: »Frauen akzeptieren die untergeordnete Rolle, um den Anstrengungen aus dem Wege zu gehen, die mit der Gestaltung eines authentischen Lebens verbunden sind.« Vielleicht aber haben die Männer damit ihre Probleme.

Schade, denn wer sich am Erfolg des Partners freut, stärkt seine Beziehung! Wenn ein Partner desinteressiert auf das Glück des anderen reagiert, leidet die Beziehung.

So nicht!

Das kann passieren, wenn der Erfolg im Job einseitig ist und einer ihn etwa folgendermaßen erlebt: Sie kommen also im Designer-Kostüm nach Hause, feuern Ihre Aktenmappe in die Ecke und stöhnen, wie das Essen mit den amerikanischen Geschäftspartnern wieder genervt habe, dass dieser Millionenabschluss immer noch nicht unter Dach und Fach sei, und bemerken nebenbei, dass Sie morgen Abend die zwanzig Mitarbeiter Ihrer Abteilung zu einem Cocktail in die angesagteste Bar der Stadt eingeladen hätten, um ihnen für das überaus erfolgreiche Jahr zu danken und ihnen die Umschläge mit der Mitteilung über ihre äußerst hohe Gratifikation zu überreichen.

Sicher, Ihr Mann gönnt Ihnen den Erfolg, aber es ist doch frustrierend, wenn er Ihrem Tagespensum nur entgegensetzen kann, dass er als Sachbearbeiter endlich diesen total komplizierten Auffahrunfall abschließen konnte.

Es könnte der Tag kommen, an dem sich Ihr Mann als Versager fühlt. Aber dem sollten Sie vorbeugen, denn Sie sind schließlich nicht ohne Grund verheiratet, sondern weil Sie mit Ihrem Mann auf einer Wellenlänge liegen, seine Gefühle kennen und verstehen. Also fragen Sie ihn intensiv nach einer Ankomm-Phase daheim, wo beide zunächst einmal vom Job abschalten, was er denn so erlebt hat, ob der Abteilungsleiter weiter nervt, die Kleine von der Schadensregulierung immer noch so tut, als hätte sie nichts mit Meyer zwo von der Datenerfassung. Vielleicht ist er ein Insider im Büro, einer, mit dem man Probleme bespricht, einer, der alles weiß, oder Mitglied des Betriebsrats. Auch ein Erfolg.

Sie sollten – falls er unzufrieden mit seiner Karriere ist

– einen Plan ausarbeiten, wie es vorangehen kann. Seminare, Weiterbildung, Fremdsprachen, eine andere Firma: Die Möglichkeiten sind unbegrenzt.

So aberwitzig das klingt: Vielleicht trinkt Ihr Mann auch zu wenig. Im Ernst haben Anti-Alkoholiker schlechtere Chancen im Job und verdienen weniger, so das Ergebnis einer Studie an der schottischen Universität Stirling. Ein Bierchen mit Kollegen fördere dagegen die Karriere. Die Forscher haben den Zusammenhang zwischen Karriere und Trinkverhalten untersucht. Die Teilnehmer wurden regelmäßig zu ihren Lebensgewohnheiten befragt. Das Ergebnis: Menschen, die moderat, aber regelmäßig mit Arbeitskollegen trinken, verdienen im Schnitt 17 Prozent mehr als Abstinenzler. Das Zusammensein fördere schlicht Vertrauen und Kameradschaft, erklärten die Wissenschaftler – und dies sei der Karriere eben nützlich.

Sich unter den Tisch zu trinken bis zum Filmriss ist jedoch auch nicht der richtige Weg. Denn der Studie zufolge fällt das Einkommen starker Trinker um sechs Prozent geringer aus als das mäßiger Alkohol-Konsumenten. Allerdings verdienen sie damit immer noch besser als Abstinenzler. Na dann, Prost!

Wie immer Sie das Problem der ungleichen Karriere angehen: Zeigen Sie ihm einfach, dass Sie sich Gedanken machen, aber nicht deshalb, weil Sie mit seiner Entwicklung unzufrieden sind oder Sie ihm nicht zutrauen, dass er allein weiterkommen könnte. Sondern weil Sie ihm mehr zutrauen, diesem forschen Kerl, der stets den direkten Weg geht, den er schließlich auch ganz schnell in Ihr Herz gefunden hat.

Umgekehrt müssen Sie natürlich auch ihm die Grenzen aufzeigen. Männer neigen dazu, ihren beruflichen Erfolg nicht nur gegenüber Bekannten, Familienmitgliedern und Kollegen heraushängen zu lassen, sondern leider ebenfalls daheim.

Solche Angeber drücken Ihrer Frau abends gern mal hundert Euro in die Hand und sagen onkelhaft, dass sie sich davon etwas Schönes kaufen soll.

Falls Ihr Mann in seinem Job wesentlich erfolgreicher ist als Sie, sollten Sie ihm in jedem Fall klarmachen, was Sie in Ihrer Firma leisten. Dass Sie zwar nur ein Rad sind im Getriebe, dass Sie es aber am Laufen halten. Sie dürfen ihm natürlich ruhig auch sagen, dass Sie ihn bewundern und stolz sind auf seine Leistung. Männer hören das gern, besonders von der Ehefrau.

Zur Konferenz

Sie quälen sich in Ihrem Job. Seit Wochen, Monaten, eigentlich seit Jahren. Nun haben Sie die Nase voll und möchten wechseln. Das ist nun nicht mehr nur Ihre eigene Entscheidung, jetzt müssen Sie das mit Ihrem Mann besprechen. Wie aber gehen Sie vor bei der Karriereplanung? Wo möchten Sie hin?

Bei der Karriereplanung spielen Vorbilder, vor allem aus der eigenen Familie, eine wichtige Rolle. Leitfiguren aus Wirtschaft und Politik sind dagegen Mangelware, so die einhellige Meinung.

Während weltweit 26 Prozent der befragten Frauen davon überzeugt sind, wegen des Geschlechts im Beruf langsamer voranzukommen, fühlen sich deswegen nur vier Prozent der Männer in ihrer Karriere behindert. Entsprechend rangiert die Hürde Geschlecht bei den Männern auf einem der hinteren Plätze.

Doch nicht nur das Geschlecht benachteiligt Frauen bei ihrer Karriere. Sie sind bei der Beurteilung ihrer Leistungen sehr kritisch und vielfach zu ehrlich. So sehen Frauen eher die eigene Persönlichkeit als Grund für einen Karriereknick, während Männer dafür meist äußere Umstände verantwortlich machen. Viele Männer nennen eine schlechte Konjunktur oder allgemeinen Personalabbau innerhalb ihres Unternehmens, während diese Begründung nur wesentlich weniger Frauen angeben.

Männer gehen ihre Karriere von Beginn selbstbewusst an. Mehr als ein Drittel planen bereits beim Berufsstart den Aufstieg in Spitzenpositionen. Frauen sind hier wesentlich zurückhaltender: Nur wenige glauben zu Anfang ihrer Karriere an einen Aufstieg in die Geschäftsleitung. Hier brauchen wir mehr Selbstbewusstsein. Später jedoch, wenn sie sich im Beruf eingerichtet haben, schätzt immerhin ein Viertel der Frauen ihre Aussichten auf Aufstieg in die Chefetage positiv ein.

Sie können stolz auf sich sein: Weltweit tragen Frauen die Hauptlast bei der Betreuung der Kinder und wünschen sich vom Arbeitgeber deshalb eine bessere Vereinbarkeit von Familie und Beruf. Für ihre Kinder reduzieren weltweit 23 Prozent der berufstätigen Mütter ihre Arbeitszeit, während dazu nur 12 Prozent der Männer bereit sind.

Nun müssen oder wollen Sie sich verändern. Seien Sie darauf vorbereitet, dass Ihr Mann Ihnen viele Fragen stellen wird. Muss das sein? Es muss, selbstverständlich.

Natürlich informieren Sie sich vorab: über die Konsequenzen einer Kündigung, die Aussichten auf einen neuen Job. Das ist zunächst einmal Ihre Pflicht. Doch es wird Ihnen alles einfacher fallen, wenn Sie diese Dinge ganz früh mit Ihrem Mann besprechen.

Wenn er nicht unter erheblichen Wahrnehmungsstörungen leidet, wird er recht frühzeitig mitbekommen haben, dass irgendetwas nicht stimmt. Schließlich kommen Sie seit Ewigkeiten kaum noch mit einem Lächeln nach Hause. Im Gegenteil, Sie sind gestresst, unzufrieden, sparsamer beim Erzählen als sonst. Schon dies wird Ihrem Mann mehr als ungewöhnlich erscheinen. Bevor er gesundheitliche Probleme vermutet oder einen Nebenbuhler – reden Sie mit ihm.

In so einem Fall kann der Mann die beste Freundin ersetzen.

Er erwartet ja auch von Ihnen, dass Sie ihm von Problemen im Job erzählen. Er kennt sich da aus. Schließlich steht er in seiner Firma seit Jahren seinen Mann und ist der Meister in Problemlösungen in seiner Abteilung.

Außerdem kann er sich dezent umhören. Was kann man eigentlich im Fall einer Vertragsauflösung selbst fordern? Sind noch ein paar Gehälter drin, vielleicht sogar eine Abfindung? Denn Ihr Ausscheiden ist für Ihren Arbeitgeber äußerst günstig, spart er doch ohne betriebsbedingte Kündigung eine teure Mitarbeiterin ein.

Wenn es hart auf hart kommen sollte: Fast jeder Mann kennt einen Anwalt oder einen, der einen kennt. Einen ehemaligen Mitschüler, der Jura studiert hat und nun auf Arbeitsrecht spezialisiert ist. Oder einen Partner aus dem Tennisverein, dem Squashklub. Oder einen aus dem Betriebsrat. Dort kann er für Sie zunächst mal gratis Erkundigungen einholen. Er wird es mit Begeisterung tun. Denn Ihr Mann weiß, dass Sie ihn nun wirklich brauchen bei einer Problemlösung. Sie mögen die Sorgen haben, er besitzt dagegen etwas, das Ihnen bei aller Emotionalität in der Frage womöglich fehlt: nämlich die gewisse Gelassenheit, diese leidige Geschichte möglichst unvoreingenommen anzugehen.

Als Außenstehender kann Ihr Mann in diesem Fall Für und Wider besser abwägen als Sie, und er hat im Zweifel sogar die klügeren Argumente, weil er weniger voreingenommen ist.

Außerdem sind Männer kluge Strategen. Haben Sie sich schon mal gefragt, warum Männer so gute Schachspieler sind? Weil sie tatsächlich hervorragend Pläne entwickeln und lange im Voraus denken können.

Sie haben das Problem, und gemeinsam mit ihm finden sie beide eine Strategie und damit auch eine Lösung.

Vorsicht, Fettnapf!

Sie sind ganz nah dran. Zur Unterzeichnung des Vertrags fehlt nur mehr eine Nacht, die Modalitäten sind längst ausgehandelt, eine Kleinigkeit steht noch an: Sie und Ihr Mann sind von Ihrem Chef zum Dinner mit den neuen Partnern der Firma eingeladen.

Eine Kleinigkeit? Viele Verträge sind schon geplatzt, weil sich am Abend zuvor eine Peinlichkeit an die nächste reihte und die angehende Geschäftsbeziehung so bereits mit einem Eklat endete, ehe sie überhaupt beginnen konnte.

So nicht!

Zunächst einmal beschleicht Ihren Mann im Vorfeld des feierlichen Essens ein ungutes Gefühl, das Sie ihm kaum nehmen können: Er fühlt sich als fünftes Rad am Wagen. Schließlich ist er nur dabei, weil er Ihre bessere Hälfte ist. Die Einladung wurde der Konvention geschuldet, der Höflichkeit. Er ist nur Anhang. Die Hauptdarsteller dieses Abends sind Sie, Ihr Chef und der neue Geschäftspartner, der Rest – Staffage. Ein blödes Gefühl.

Wo findet es überhaupt statt? Ihre Firma lässt es richtig krachen und lädt ein ins schickste und beste Restaurant der Stadt. Dresscode ist natürlich der dunkle Anzug.
Schade nur, dass Ihr Mann direkt vom Feierabendbierchen mit den Kollegen kommt: in Jeans und seinem abgewetzten Alltagssakko. Der Abend dürfte früh gelaufen sein.

Also frühe Information ist Pflicht, zu Ihrem Besten! Damit aus diesem Unwohlsein kein Debakel wird, sollten Sie mit Ihrem Mann den möglichen Verlauf des Abendessens durchsprechen.

Dazu gehört auch: Wer sitzt eigentlich mit am Tisch? Wer ist Ihr neuer Partner, der sich mit Millionen an Ihrer Firma beteiligt?

Sie sollten sich und Ihren Mann präparieren. Ist ein Japaner Ihr Tischnachbar? Dann sind zum Beispiel Hände schütteln und ins Taschentuch schnäuzen tabu. Auch wenn Sie noch so verliebt in Ihren Mann sind, ein Küsschen hier, ein Küsschen dort, für einen Japaner beispielsweise verstößt das öffentliche Küssen gegen die gute Sitte. Zärtlichkeit findet nur im Privaten statt.

Sie sitzen mit einem Amerikaner am Tisch? Amüsieren Sie sich also nicht darüber, dass er sein Menü nur mit der Gabel isst, nachdem er zuvor alles klein geschnitten hat. Es ist in den USA so üblich. Dass Football nicht dasselbe ist wie Fußball, sollten Sie bedenken, wenn Sie Ihren Mann als Gesprächspartner zum Thema Sport anbieten.

Ebenso wären Informationen über Ihren Chef angebracht, damit Ihr Mann nicht in irgendwelche Fettnäpfchen tritt.

Es kann auch kaum schaden, über Hobbys und Vorlieben der Essensrunde Bescheid zu wissen und sich dementsprechend vorzubereiten. Nur sollte niemand mit seinem kurz angelesenen Wissen protzen; der wird dann schnell als Blender entlarvt.

So nicht!
Der Abend verläuft nun also wundervoll, da kommt doch noch der Spielverderber in Form des Alkohols ins Spiel. Die Runde wird immer geselliger, man versteht sich immer besser, immer mehr wird nachgeschenkt: Passen Sie auf! Sie sollten Ihre Grenzen kennen und auch Ihren Partner an seine erinnern. Kaum etwas ist peinlicher, als lallend irgendwann am Tisch zu sitzen und dummes Zeug zu stammeln oder spätestens bei der Verabschiedung das Gleichgewicht zu verlieren, um vor die Füße der anderen zu krachen. Ihr Chef wird dann auch etwas verlieren: die Contenance nämlich. Und Sie womöglich auf absehbare Zeit Ihren Job.

Um Missverständnissen vorzubeugen: Die gegenseitige Information und das Einhalten der Benimmregeln gilt für Sie und Ihren Partner, falls er Sie zu einem Geschäftsessen mitnimmt. Als Paar treten Sie beide gleichsam erfolgreich und souverän auf! Das gilt auch für kleinere Rahmen, der Hausparty bei Ihrem oder seinem Chef, das Feiern im kleinen Kreis.

Falls Sie ein Dinner als Krönung der Katastrophen in einem Film erleben wollen, besorgen Sie sich »Blind Date – Verabredung mit einer Unbekannten« mit Kim Basinger und Bruce Willis in den Hauptrollen. Sie werden sich köstlich amüsieren – und in Zukunft jedes Geschäftsessen souverän über die Runden bringen.

Fast oben, ganz unten

Der aufstrebende Typ, der in seiner Firma schon eine Blitzkarriere hingelegt hat und trotzdem so charmant und manchmal schüchtern war, hat Sie tatsächlich gefragt, ob Sie ihn heiraten möchten. Sie mussten nicht einmal Sekundenbruchteile überlegen und haben ja gehaucht. Ihr Mann versprach auch ein gemeinsames Leben mit phantastischer Perspektive. Der Aufstieg in seinem Job war programmiert, in Ihrem Geist spulte sich das Programm ab, das Sie sich bereits als Teenager erträumt haben: viel Spaß, mehrere Kinder, tolles Haus, schicke Urlaube – ein rundherum glückliches Leben also.

Was aber, wenn Ihr Mann arbeitslos wird? Das Leben wird dann verdammt ernst.

So kann es kommen: Seine Firma krebste bereits seit Monaten herum, eine Unternehmensberatung hatte erhebliches Sparpotenzial bei den Arbeitsplätzen ausgemacht. Auch in der Abteilung Ihres Mannes, wo er der Jüngste ohne Kinder und einer der Spitzenverdiener ist. Oder besser war. Er ist deshalb kein Verlierer!

Es ist jedoch eine Situation entstanden, in der Ihr Mann nun verdammt viel Hilfe und seelischen Beistand benötigt, auch wenn er genau das Gegenteil denkt und vielleicht nur seine Ruhe haben will. Dabei müssen Sie wahrscheinlich einen wahren Drahtseilakt vollführen, denn auf der einen Seite wird er sich als kompletter Versager fühlen, wenn Sie ihn mit Mitleid überhäufen. Auf der anderen Seite werden Sie ihm verroht vorkommen, wenn Sie nicht eben den Hauch von Trost und Zuversicht in den Gesprächen mitklingen lassen. Gemeinsam müssen Sie nun überdenken: Wie geht's eigentlich weiter?

Es kann ja durchaus passieren, dass Ihr Mann nicht sofort

wieder einen Job findet, sondern monatelang sucht und lediglich eine Absage nach der anderen ins Haus flattert. Der Frust wird durch die ständigen Misserfolgserlebnisse noch steigen.

Helfen Sie Ihrem Mann, damit nicht alles noch schlimmer wird. Sonst folgt die Abwärtsspirale der Arbeitslosigkeit: Depressionen, Drogen, zerrüttete Familienverhältnisse und Scheidungen. Das Risiko für Arbeitslose ist enorm. »Sie gehen seltener zum Arzt und zur Vorsorge, werden dafür aber häufiger krank, landen doppelt so häufig im Krankenhaus und sind deutlich suchtgefährdeter«, sagt der Mediziner und Arbeitspsychologe Michael Kastner von der Universität Dortmund.

Tipp:
Deshalb sollten Sie sich, wenn Sie diejenige sind, die den Job verliert, auch frühzeitig Ihrem Mann anvertrauen, ihm von den Sparplänen der Firma und Ihrer Angst erzählen. Dann kommt es nicht völlig unvorbereitet, wenn Sie zu denen zählen, die gehen müssen. So schlimm es ist, Sie können – und müssen sich bei begründeter Angst vorbereiten. Es ist schließlich keine Hysterie, urlaubstechnisch kleinere Brötchen zu backen und zehn Tage Allgäu zu buchen statt drei Wochen Sylt, wenn schon die Tagesschau berichtet, dass der Konzern, in dem man arbeitet, konkrete Sparpläne hat.

Was die Gefühle angeht, Sie müssen beide in einer solchen Situation nun ziemlich tolerant sein, denn erfahrungsgemäß steigt mit der Dauer seines Misserfolgs auch das Potenzial der Aggressivität.

Auch wenn Sie es nicht für möglich gehalten haben, kann es doch passieren, dass die Gefühle in Ihrer Ehe durch so eine Extremsituation durcheinandergeraten. Es machen sich auch existenzielle Sorgen breit. Sie hören quasi das Rascheln der Flügel des Pleitegeiers! Denn der Standard, den Sie bisher gewohnt waren, lässt sich nicht mehr halten. Punkt, keine Diskussion.

So geht's!

Darum ist es schlau, alle schnell vom Jobverlust zu informieren. Verheimlichen bringt da nichts, denn es lässt sich auf Dauer einfach nicht verheimlichen! Nur allzu oft aber versuchen Paare zu kaschieren, dass es im Moment nicht mehr so ist, wie es war.

Also: Machen Sie gleich reinen Tisch. Bei der Familie, bei den Freunden, bei allen Leuten, die es wissen müssen und können. Bevor die sich beunruhigt fragen, was los ist.

Schauen Sie auch ruhig bei Luigi vorbei, Ihrem Lieblingsitaliener. Auch der hat es verdient, eine kleine Information zu erhalten, weil er sonst traurig denkt, dass es Ihnen bei ihm nicht mehr schmeckt. Er wird verstehen, dass Sie und Ihr Mann nun nicht mehr Scampi bestellen und die teure Flasche Gavi dazu, sondern Spaghetti mit Tomatensoße und den Hauswein aus der Karaffe.

Restaurantbesuche, Kino, Abende mit dem Freundeskreis in Kneipen – da fehlt was in Ihrem Leben, was vorher vielleicht nicht der Mittelpunkt, aber doch ein wichtiger Teil Ihrer Ehe und ihrer Sozialisation war. Nun gehen Sie es plötzlich mit angezogener Handbremse an; ein kleines Bierchen für Ihren Mann, Sie nippen den ganzen Abend gequält an Ihrem Glas

Wein. Dabei haben Sie es doch mit dem Gatten früher stets richtig krachen lassen.

Spätestens jetzt werden auch Ihre Freunde bemerken, dass irgendetwas bei Ihnen nicht stimmt, und nach den Ursachen forschen. Dafür sind es ja Ihre Freunde.

So ganz muss das Leben ja nun auch nicht vorbei sein. Wetten, dass Luigi in Zukunft ein noch aufmerksamerer Wirt ist und Sie mit Ihrem Mann als Gäste weit mehr ins Herz schließen wird?

Und wenn Ihr Mann wieder einen Job gefunden hat, dann lassen Sie halt so richtig die Korken knallen. Um eine wichtige Erfahrung sind Sie nun ohnehin reicher geworden: dass es im Leben nie stets ganz rund läuft, sondern manchmal eben ganz schön eckig.

Up and away

Und wenn das Gegenteil passiert? Ihr Mann, der tolle Hecht, hat nicht immer nur davon gesponnen, dass er in seinem Job eine echte Kanone ist. Seine Chefs fanden das nämlich auch, und nun macht er so richtig Karriere. Leider ist sein neues Büro nicht um die Ecke wie bisher. Sondern ganz schön weit weg. Das macht Sie nicht nur traurig, sondern wütend. Im besten Fall ängstlich. Denn Sie fragen sich: Wie geht es mit Ihrer Ehe weiter?

So nicht!

Zunächst einmal müssen Sie und Ihr Mann sich fragen, ob Ihre Beziehung diese Belastung eigentlich aushält. Ihr Mann wird in seinem Job, seiner neuen Aufgabe zunächst

einmal voll aufgehen und auch die Abende schuften. So fällt ihm die Trennung von Ihnen vielleicht gar nicht so schwer; erst abends, wenn er allein im Bett liegt, wird ihm sehr bewusst werden, was ihm an der Seite fehlt.
Bei Ihnen dürfte es anders ablaufen. Sie haben weiterhin Ihre Arbeit, Ihre Routine – und so schnell Ihre Langeweile ohne ihn. Und den Frust dazu: Sie haben schließlich nicht geheiratet, um weiter Ihr Singledasein zu fristen, nicht wahr? Also werden Sie, je länger die Trennung dauert, so richtig sauer. Erst auf die Firma Ihres Mannes, dann auf ihn. Er hätte das Angebot ja nicht annehmen müssen, nein, er hätte es nicht einmal annehmen dürfen. Finden Sie.
Die Welt ist so gemein zu Ihnen!

Schluss mit dem Selbstmitleid. Sie haben es doch genauso gewollt. Gut, vielleicht wäre es angenehmer gewesen, dass Sie und Ihr Mann in derselben Stadt arbeiten und somit auch leben. Doch hatten Sie im Ernst gedacht und gewollt, dass einer von Ihnen beiden immer auf der Stelle tritt und Sie im Leben niemals weiterkommen? Dass Sie mit Ihrem Mann immer in einer Zwei-Zimmer-Wohnung bleiben, mit der klapprigen Karre vor der Haustür, dass der Kauf einer Flasche Champagner einen mehrmonatigen Sparplan voraussetzt und ein Restaurantbesuch nur mit dem Verzicht auf ein Weihnachtsgeschenk finanziert werden kann?

Nein, das wollten Sie und Ihr Mann nicht. Irgendwie im Hinterstübchen waren Sie sich der Tatsache immer bewusst, dass es da mal eine Trennung geben könnte. Eine räumliche, wegen des Berufs, der Karriere. Statt darüber zu jammern, sollten Sie und Ihr Mann sich schnell Gedanken machen, wie Sie das Beste aus der Situation herausschlagen.

So geht's!

Das fängt schon mal mit der Verhandlung mit der Firma an. Sie will, dass Ihr Mann die Dependance fünfhundert Kilometer entfernt auf Trab und in die Gewinnzone bringt? Dann soll sie dafür auch ein bisschen bluten, Sie leiden ja auch.

Holen Sie heraus, was machbar ist, ohne den Hahn zu überdrehen. Ihre Mobilität und die Ihres Mannes müssen seinem Arbeitgeber schon etwas wert sein. Doch ein paar Freiflüge pro Monat – je nach Entfernung – sollten drin sein. Für Sie oder Ihren Mann, auf keinen Fall jedoch personengebunden.

Wenn Flüge nicht möglich sind oder sich zeitlich erst gar nicht rentieren oder sie ökologisch für Sie absolut nicht akzeptabel sind, leiern Sie der Firma eine Bahncard heraus. Samt der entstehenden Zusatzkosten für die Strecken, die Sie oder Ihr Mann zurücklegen.

Wo wird er wohnen in der neuen Stadt? Gern genommen wird das einfache Hotel. Doch spätestens nach zwei Monaten dreht Ihr Mann dort durch – und Sie besuchen ihn dort auch nur mit extremem Widerwillen.

Ein Hotel bleibt ein unpersönlicher Ort, mag das Personal auch noch so herzlich und gut sein. Sie werden vielleicht nette Bekannte, die Ihrem Mann die Wünsche im Gesicht ansehen, aber lieben Sie es nicht doch etwas privater?

Überzeugen Sie also mit Ihrem Mann die Verantwortlichen in seiner Firma, dass es ohnehin sinnvoller und auf Dauer auch billiger sein dürfte, wenn sie ihm eine Dienstwohnung spendiert. Sie muss ja nicht groß sein, wenn doch, zu Repräsentationszwecken, dann ist das Sache seiner Firma und wird seinen Grund haben.

Sie müssen natürlich Ihrem Mann klarmachen, dass diese Dinge zwingend sind für eine einigermaßen weiterlaufende Ehe. Er wird sich vielleicht etwas sperren, zu viel von seiner Firma zu fordern, weil er der Ansicht ist, dass der Karrieresprung mit dem erhöhten Gehalt eigentlich zunächst einmal ausreichend ist. Ist es aber nicht! Ihre Ehe ist wichtiger!

Planen Sie dann weiter die Zukunft. Wie lange dauert eigentlich sein Engagement in der anderen Stadt? Sind es Jahre oder ist ein Ende gar überhaupt nicht abzusehen? Dann könnte es sinnvoll, ja nötig sein, dass Sie ihm hinterherziehen, und dafür müssen Sie sicherlich einiges aufgeben: Freunde, Bekannte, Job.

Prüfen Sie also vorher mit Ihrem Mann, ob es für Sie in der anderen Stadt überhaupt eine berufliche Chance gibt. Spannen Sie die Firma Ihres Mannes mit ein, sicher kennt der eine oder andere die Möglichkeiten vor Ort und kann sogar Türen für Sie öffnen.

Auf jeden Fall ist Karriere immer mit Problemen und Einschränkungen für mindestens einen der Partner verbunden. Egal, wer nun durchstartet, ob Sie oder Ihr Mann. Noch komplizierter wird die ganze Geschichte, wenn Sie Kinder haben, womöglich noch im schulpflichtigen Alter. Fragen Sie sich, ob es sich wirklich lohnt, die Kinder aus ihrer gewohnten Umgebung zu reißen. Das muss sich dann finanziell, ja erst recht in Sachen Lebensqualität, richtig lohnen.

Eine Fernbeziehung muss auch nicht in jedem Fall verkehrt sein, und vielleicht ist die Versetzung ja zeitlich begrenzt. Schaffen Sie sich für die Zeit beispielsweise eine Webcam an, sehen Sie Ihren Mann via Computer. Die moderne Kommunikation macht es möglich, Sie haben heute ganz andere Möglichkeiten als die Paare früher. Oder kehren Sie zur Vergangenheit zurück: Wann haben Sie Ihren letzten Liebesbrief geschrieben? Es könnte doch mal Zeit werden, auf Papier zu bringen, was Sie Ihrem Mann sonst nur erzählen oder nicht einmal das. Was steckt hinter Ihrem Satz »Ich liebe dich«, warum tun Sie es tatsächlich? Für Ihren Mann wäre es die tollste Sache der Welt, das einmal schriftlich zu haben. Er wird diesen Brief hüten wie seinen Augapfel. Versprochen!

Und stellen Sie sich an einem Freitag mal auf den Berliner Hauptbahnhof. Nur so zum Gucken. Oder einen anderen Bahnhof einer Großstadt. Experten schätzen, dass mittlerweile jedes siebte Paar in Deutschland eine Fernbeziehung hat. Am Bahnhof können Sie nun live erleben, wie viele Paare sich mit kleinen Geschenken auf dem Bahnsteig um den Hals fallen und sich auf ein intensives Wochenende freuen. Und wie viele dann Sonntagabend oder Montagfrüh wieder dort stehen mit Tränen in den Augen.

Das muss Liebe sein. Das ist Liebe!

Du, es wird wieder später ...

Ist doch super: Sie haben ja auch einen tollen Job, der Sie fordert. In letzter Zeit leider ein bisschen viel. Die Abendtermine häufen sich, und da kann es durchaus passieren, dass Ihr Mann erst ein bisschen mürrisch und dann misstrauisch wird.

Eifersucht! Wenn Sie eifersüchtig sind, dann leben Sie in der Angst, von Ihrem Partner nicht mehr geliebt zu werden und ihn deshalb zu verlieren. Diese Angst, die manchmal schon fast in eine Panik ausartet, lässt Sie nicht mehr klar denken und führt dazu, dass Sie ausrasten und verrückt spielen, wenn Sie glauben, Ihr Partner interessiere sich für eine andere Person.

Wollen Sie das? Wenn es tatsächlich die Arbeit ist, die Sie

von zu Hause fernhält, dann sollten Sie Ihrem Mann ein sicheres Gefühl geben.

Melden Sie sich! Handys sind zwar manchmal zur Geißel der Menschheit geworden, weil Sie nun überall und ständig zu erreichen sind. In diesem Fall sind sie aber sinnvoll, damit Sie auch, wenn Sie unterwegs sind, nicht ständig eine Telefonzelle suchen müssen.

Rufen Sie Ihren Mann also an. Auch aus der Kneipe oder dem Restaurant, in denen Sie mit Kollegen sitzen, um Pläne zu besprechen, um Strategien auszuarbeiten. Sie müssen ja nun nicht wirklich immer im sterilen Büro hocken bleiben oder Besprechungen in den hässlichen Konferenzräumen abhalten.

Ihr Mann hat nun dafür das größte Verständnis der Welt und merkt, dass seine Eifersucht völlig fehl am Platze ist. Weil er es ja genauso tun würde: nämlich die Besprechung in ein angenehmeres Ambiente verlegen. Und Sie anrufen! Nicht immer. Aber gelegentlich.

Vorsicht, Falle!

Weihnachten nähert sich – und nicht nur der Kauf der Geschenke bereitet Stress. Ein Termin rückt unheilvoll näher: die Weihnachtsfeier.

Haben Sie einen Mann, der dann in seiner Firma am alkoholfreien Bier saugt und um zehn Uhr abends wieder daheim ist? Leider sind die wenigsten Männer so artig und vielleicht auch so langweilig. Denn es kann durchaus passieren, dass Ihr Mann am Samstagmorgen (Weihnachtsfeiern finden ja nun fast grundsätzlich an einem Freitagabend statt) an der Haustür rumpelt und anschließend an seinem freien Tag, den Sie hübsch mit ihm in der Einkaufspassage oder beim Spaziergang im Wald verbringen wollten, schnarchend neben Ihnen ins Bett fällt.

Und was ist dabei? Außerdem: Was sollte er machen? Wenn er partout nicht mitmachen möchte und gelangweilt in der Ecke herumsteht, könnte sich der Herr Abteilungsleiter fragen: Ist er nicht teamfähig? Und die Kollegen denken: So ein langweiliger Kerl. In jedem Fall könnte das für Ihren Mann einen Karriereknick bedeuten. Der größte Fauxpas bei Weihnachtsfeiern ist, gar nicht erst hinzugehen. Chefs oder Kollegen bekommen dadurch schnell den Eindruck, dass derjenige ein arroganter Kerl ist, der nach dem selbstherrlichen Motto agiert: Zu so einem Kinderkram gehe ich doch nicht!

Also muss er ein bisschen Smalltalk machen, übers Wetter, übers Geschäft, das abgelaufene Jahr. Und so. Ganz natürlich ist vielleicht, dass Sie leicht angefressen sind, weil a.) der so nett geplante Tag vollständig im Eimer ist und b.) der Göttergatte neben Ihnen nurmehr Alkohol ausdünstet und seine hingeschmissenen Klamotten widerlichen kalten Zigarettenrauch. Ekelig, okay, aber wenn Ihnen nicht auch noch Parfümdüfte und anderes von der feschen Moni aus der Buchhaltung in die Nase wabern, ist es eigentlich nicht schlimm.

Es gibt die Tage, da schlägt Mann mal über die Stränge. Passiert das nicht jede Woche, dann ist nichts dabei, und Sie müssen nicht mit dem Nudelholz hinter der Wohnungstür stehen. Sie wussten doch, wo Ihr Mann war, und Ihnen war an diesem Freitag klar, dass er ruhig einmal Dampf ablassen musste nach dem stressigen Jahr im Betrieb.

Da geben Sie sich ganz nonchalant, haben Sie doch nun das beste Argument, wenn es mit Ihren Freundinnen mal etwas länger dauert.

Häufen sich indes die Nächte, in denen Ihr Mann wegbleibt, und wird die Firma als Grund angegeben, dann wird Sie zu

Recht das Gefühl beschleichen, dass etwas nicht stimmt. In diesem Fall gibt es zwischen Ihnen und Ihrem Mann nun erheblichen Gesprächsbedarf. Und zwar welchen der ernsteren Art.

Doch wenn es nur bei gelegentlichen, ja seltenen Ausrutschern bleibt: Nehmen Sie die ganze Geschichte und Ihren Mann mit Humor. Sie bekommen diese Größe dann doppelt und dreifach von diesem Mann zurück, der Sie ewig lieben wird.

Kurz und gut:

- Lassen Sie Ihren Mann nicht wie einen Versager aussehen, wenn Sie die Erfolgreichere im Job sind.
- Besprechen Sie Ihre Strategie bei Problemen mit Ihrer Firma.
- Gehen Sie ein Geschäftsessen im Detail durch, damit es nicht im Desaster endet.
- Unterstützen Sie Ihren Mann mit allen Kräften, wenn er plötzlich arbeitslos wird.
- Vermeiden Sie durch einen simplen Anruf, dass er sich zurückgesetzt fühlt.
- Nehmen Sie es locker, wenn er bei der Weihnachtsfeier über die Stränge geschlagen hat.

Private Parts: Körperpflege und Intimleben

Auch zu Hause stets gepflegt

Haben Sie bemerkt, wann die Augen Ihres Mannes zuletzt mal so richtig geleuchtet haben? Das war wohl an dem Abend, an dem Sie chic ausgegangen sind. Zuerst zum tollen Essen, danach in die Cocktailbar. Nicht nur seine Augen haben da übrigens geleuchtet, sondern auch die der anderen Müßiggänger am Tresen. Weil Sie das kleine Schwarze anhatten, das Ihre tolle Figur und Ihre unverschämt schönen Beine so betont.

Und bestimmt fragen Sie sich nun, warum er Sie daheim kaum mehr eines Blickes würdigt, sondern sich lieber in die Zeitung, das Buch oder das Fernsehen vertieft.

Vielleicht, weil Sie immer öfter in einer Art Kartoffelsack zu Hause herumsitzen? Sicher, zu Hause wollen Sie es gemütlich haben, und da gehört es dazu, sich nach dem Feierabend oder in der Freizeit in bequemen Klamotten auf dem Sofa zu lümmeln.

Es stellt sich dann aber für Ihren Mann automatisch die Frage, warum Ihr Kleiderschrank so wunderbar voller hübscher Sachen hängt und er viele niederschmetternde Samstage mit Ihnen in Boutiquen verbracht hat? Das scheint ihm nun erst recht rausgeschmissene Zeit zu sein. Vor allen Dingen, wenn er schauernd erkennt, dass das, was Sie da gerade anhaben, die alte Jogginghose und das historische Sweatshirt sind. Nun kann er gemein reagieren und seinen alten Ballonseidenanzug aus einer Kiste vom Boden holen, und Sie und Ihr Mann gewinnen den Preis für das am schlechtesten angezogene Paar Ihrer Straße.

Nein, Ihr Mann wird nicht so gemein reagieren, sondern sich Folgendes fragen: Komisch, für die Arbeit macht sie sich richtig hübsch, dabei wären in Ihrem Büro ohne Publikum auch Jeans und Bluse erlaubt. Selbst vorm Gang zum Bäcker schaut sie länger in den Spiegel, holt den Lippenstift heraus und bringt ihr Äußeres in Form. Ja, und beim Ausgehen abends schafft sie es nie unter zwei Stunden, bis Sie unter Menschen gehen. Und das lohnt sich! Er ist mächtig stolz, dass er Ihr Mann ist. So wirklich richtig stolz.

Nur: warum ist Ihnen das plötzlich daheim egal, wo Sie die meiste gemeinsame Zeit verbringen? Der Mensch benötigt auch optische Reize für Gefühle. Ihr Mann wollte Sie bestimmt nicht kennenlernen, weil er dachte, Sie könnten die Quadratwurzel aus der Zahl sieben im Kopf rechnen oder Sie würden auf Anhieb alle Deutschen Fußball-Meister seit der Gründung der Bundesliga ab der Saison 1963/64 voraussagen können.

Nein, Ihr Mann ist zunächst auf Sie geflogen und wollte mit Ihnen ins Gespräch kommen, weil Sie so verdammt scharf aussahen und überhaupt auch seinem Typ entsprachen. Der Rest hat sich erst danach ergeben. Bei Ihnen doch auch, oder?

Nun kennt Sie Ihr Mann in- und auswendig, weiß um Ihre kleinen Schwächen und die großen Vorzüge. Zusammengefasst: Irgendwie besteht jetzt die Gefahr, dass es ein bisschen langweilig werden könnte.

Also wo liegt eigentlich das Problem, auch daheim hübsch herumzulaufen und in das glückliche Gesicht Ihres Manns zu blicken? Viele Frauen haben Figurprobleme oder sind zumindest nicht hundertprozentig glücklich damit. Für den Job haben sie eine Uniform gefunden, aber vielen fällt es schwer, bequeme Sachen zu finden, die richtig gut aussehen und nicht wie Säcke am Körper hängen.

Falls Sie im Kleiderschrank nicht mehr das passende Outfit finden: Nun ist wirklich ein Einkaufsbummel angesagt. Und zwar entweder allein oder mit Ihrer Freundin, die vielleicht genau das Gleiche sucht.

So schwer kann das gar nicht sein. Ein hübsches Paar italienische Schuhe für den Hausgebrauch oder auch nur weiche elegante Slipper statt der rosa Pantoffeln mit dem lustigen Schweinegesicht, das Ihnen mal Ihre Freundinnen lachend überreicht haben und die eigentlich nur als Partygag zu Ihrem Geburtstag gedacht waren. Dazu knackige Jeans oder eine coole Yoga-Hose mit einem Oberteil, das Ihre Attraktivität unterstreicht. Aber wie findet man das?

Viele Frauen neigen leider dazu, ihre Schwächen zu kaschieren, statt einfach nur die Stärken ihrer Figur zu betonen. Die Blicke werden dann nämlich ganz automatisch in die richtige Richtung gelenkt. Auf das, was Sie nicht so toll finden an sich, guckt dann nämlich kein Mensch mehr.

Tipps für verschiedene Figurtypen:
Feminine Figur mit viel Busen und runden Hüften: Entweder nur Dekolleté oder Beine betonen, sonst wird es leicht zu sexy, also V-Ausschnitte bei Oberteilen, dazu Bleistiftröcke oder schmale Hosen (strecken!). Bloß nicht: Querstreifen!
Groß und schlank: Diese Frauen können fast alles tragen, wirken aber leicht knabenhaft, deshalb: Empirekleider, Röcke mit Volants, flache Schuhe und Gürtel. Bloß nicht: Bolerojäckchen!
Athletisch: Sehr sportliche Frauen müssen darauf achten, ihre breiten Schultern zu kaschieren. Das geht am besten mit Halbarmshirts oder Holdernecks, weil sie die Körpermitte betonen. Gut sind auch Stolen, zweireihige Jacken, asymmetrische Pullis und V-Ausschnitte. Bloß nicht: Puffärmel und Schulterpolster.
Klein und zierlich: Um die Beine optisch zu verlängern, sind hier überlange Hosen und Highheels optimal. Super sind Röhrenjeans, bedruckte Shirts, Volants (für mehr Oberweite!). Bloß nicht: lange Kleider und Marlene-Hosen.

Ein Lippenstift mit einer frecheren Farbe kann auch nicht schaden. Vielleicht auch nicht die neue verspielte Unterwäsche, denn zu der wird Ihr Mann sicher bald vordringen, wenn Sie sich für ihn so bezaubernd präsentieren. Da soll ihn doch nicht das Entsetzen packen, wenn er auf den guten alten Frotteeslip mit dem Stoppschild stößt!

Fürs Hochzeitskleid hungern und danach erst mal die Waage links liegen lassen? Verständlich, aber mogeln gilt nicht! Wenn Sie tatsächlich Mühe haben, Ihr Gewicht zu halten, sollten Sie dranbleiben und nicht nachlassen. Jojo-Effekte sind bekanntlich nicht sehr gesund.

Achten Sie also auf Ihre Ernährung und treiben Sie Sport. Dass Sie im Alter etwas zunehmen, ist normal. Das wird auch Ihr Mann, der sein Bäuchlein kaum vermeiden kann. Aber all das sollte nicht bereits in der Blütezeit Ihres Lebens geschehen!

Achten Sie auch ein bisschen darauf, was so drin steckt in den Lebensmitteln. Geschmacksverstärker und Aromen zum Beispiel. Die machen zwar nicht dick, aber vielleicht krank.

Zum Beispiel Glutamat. Glutamat ist ein körpereigener Stoff. Er gehört zu den Aminosäuren und wird im Gehirn als Nerventransmitterstoff benötigt, um Informationen von einer Nervenzelle zur nächsten weiterzuleiten. Die Gehirnzellen produzieren die benötigte Menge des Stoffs selbst. Aber auch in Lebensmitteln wie Tomaten oder Käse kommt Glutamat natürlicherweise vor – es kann allerdings nach dem bisherigen Stand der Forschung nicht durch die Blut-Hirn-Schranke in das Gehirn eindringen. Manche Wissenschaftler gehen allerdings davon aus, dass bei bereits geschädigten Hirnprozessen das durch die Nahrung aufgenommene Glutamat Hirnzellen zerstören kann.

Dabei haben sie vor allem Fertiggerichte im Visier, die große Mengen Geschmacksverstärker enthalten. Aber nicht nur das, sie haben oft auch besonders viel Kalorien.

Spritzt man neugeborenen Ratten in hohen Konzentrationen Glutamat, werden sie fett, sagt Susanne Klaus vom

Deutschen Institut für Ernährungsforschung. Das liege daran, dass Glutamat bei den Ratten bestimmte Regionen im Hypothalamus zerstöre. Die Tiere fressen dadurch mehr. Michael Hermanussen, Professor für Kinderheilkunde in Kiel, nimmt an, dass Proteine und Glutamat auch bei übergewichtigen Kindern und dicken Erwachsenen ein permanentes Hungergefühl erzeugen.

Insgesamt ist es bekanntlich also besser, selbst und mit frischen Zutaten zu kochen. Vielleicht kochen Sie ja gemeinsam, das kann durchaus unterhaltsam sein. Statt Rezepten hier zehn Tipps für gesundes Essen:

Tipps

1. Ausgewogene und abwechslungsreiche Ernährung: Kombinieren Sie nährstoffreiche und energiearme Lebensmittel.
2. Vollkorngetreide und Kartoffeln satt: Brot, Nudeln, Reis, Getreideflocken und Kartoffeln enthalten kaum Fett, dafür reichlich Vitamine, Mineralstoffe, Spurenelemente, Ballaststoffe und sekundäre Pflanzenstoffe.
3. Täglich fünf Portionen Gemüse und Obst: Möglichst frisch oder nur kurz gegart, vielleicht auch mal als Saft, das versorgt Sie ebenfalls mit Vitaminen, Mineralstoffen sowie Ballaststoffen und sekundären Pflanzenstoffen (besonders Carotinoiden und Flavonoiden).
4. Milch und Milchprodukte und ein- bis zweimal in der Woche Fisch. Fleisch, Wurstwaren und Eier in Maßen: Das alles sorgt für wertvolle Nährstoffe, wie Calcium in Milch, Jod, Selen und Omega-3-Fettsäuren in Seefisch. Fleisch enthält Eisen und Vitamin B.

5. Fett. Es liefert lebensnotwendige (essenzielle) Fettsäuren. Benutzen Sie pflanzliche Öle und Fette (Raps- und Sojaöl und daraus hergestellte Streichfette).
6. Zucker und Salz in Maßen!
7. Reichlich Flüssigkeit. Wasser ist absolut lebensnotwendig. Rund 1,5 Liter Flüssigkeit brauchen Sie jeden Tag. Bevorzugen Sie Wasser!
8. Garen Sie Ihr Essen bei möglichst niedrigen Temperaturen und nur kurz, mit wenig Wasser und wenig Fett – das erhält den natürlichen Geschmack, schont die Nährstoffe und verhindert die Bildung schädlicher Verbindungen.
9. Genießen Sie Ihr Essen. Bewusstes Essen hilft, richtig zu essen. Außerdem fördert es das Sättigungsempfinden.
10. Treiben Sie zusätzlich Sport!

Schnipp, schnapp, ab

Mit Ihrer Friseurin sind Sie per du, Sie gehen voll im Trend, die Wandlungen auf Ihrem Kopf verblüffen Ehemann und Kollegen durchaus positiv. Diese Frau hat Stil. Und sollte ihn am ganzen Körper beweisen.

Also stutzen Sie Ihre Achselhaare und die im Schambereich.

Es lässt sich ja leider nicht leugnen, dass wir Menschen genetisch irgendwie aus den Affen entstanden sind. Nur sind Haare in unserer Zivilisation ziemlich unsinnig geworden, seit sich der Mensch in Kleidungsstücke hüllen kann.

Seien Sie sicher, kaum etwas ist unerotischer als dicke

schwarze Haare, die durch die Strumpfhose schimmern oder gar im Sommer auf den nackten Beinen zu sehen sind. Oder Achselhaare, die unter dem Top hervorquellen.

Also müssen Sie wie Ihr Mann tief in die Tasche greifen und Geld für diese teuren Klingen ausgeben. Mit einem speziellen Rasierer, die ja nun extra ergonomisch für die Ansprüche der Frauen hergestellt werden.

So nicht!

Tun Sie eines auf keinen Fall: Benutzen Sie nicht seinen Rasierer. Ihr Mann wird die Krise kriegen, wenn er Ihre Haare zwischen seiner Dreifach- oder Vierfachklinge entdeckt. Hautverletzungen können Krankheitserregern Tür und Tor öffnen, vor allem wenn sie beispielsweise mit Blut in Kontakt kommen. Benutzen Sie deshalb in jedem Fall einen Spiegel, vielleicht sogar einen mit Lupenfunktion, oder aber lassen Sie sich rasieren. Wärme, beispielsweise durch eine warme Dusche, öffnet die Poren, wodurch die Haare leichter entfernt werden können. Nach dem Rasieren sollten Sie die Haut pflegen, eventuell zusätzlich mit einem nicht alkoholhaltigen Antiseptikum.

Was Sie sich durchaus leihen dürfen, ist seine Rasiercreme.

Wenn Sie diese Prozedur nervt, denken Sie an zweierlei. Erstens muss Ihr Mann im Gegensatz zu Ihnen jeden Tag die Klinge ansetzen, und zweitens schnellen Sie in seiner persönlichen Schönheitsskala und der der meisten anderen Männer ganz nach oben.

In der ersten Zeit Ihres Zusammenseins haben Sie und Ihr Mann sich oft die Nasen gerieben. Sie konnten beide gar nicht genug voneinander bekommen, erschnüffelten sich gegenseitig. Irgendwann kann es vorkommen, dass Sie das Gefühl haben, sich irgendwie nicht mehr riechen zu können.

Das kann durchaus mal passieren.

Manche Gerüche mögen wir. Davon profitiert die Industrie, davon profitieren auch Sie und Ihr Mann, wenn Sie denn einen Duft gefunden haben, den Sie beide mögen. Ganz einfach ist das nicht: Gerüche sind komplizierte Gemische mit einigen hundert, manche sogar mit tausend chemischen Bestandteilen. Der Duft einer Rose setzt sich beispielsweise aus etwa 500 Einzelstoffen zusammen, Kaffeeduft besteht aus 200 unterschiedlichen Komponenten.

Und wenn es nun so kommt, dass Sie sich plötzlich nicht mehr riechen können?

Es muss ja nicht daran liegen, dass sich einer von Ihnen entschlossen hat, auf die tägliche Dusche zu verzichten. Sie haben Ihr Parfüm gewechselt? Großer Fehler. Nicht dass eine Änderung Ihres Duftes generell ein Problem für Ihren Mann darstellen würde. Nein, mit Sicherheit nicht, Abwechslung ist immer gut.

Doch Sie hätten ihn vorher fragen müssen. Oder besser, ihn mitnehmen in die Parfümerie, um ihm Ihren neuen Favoriten im Flakon vorzustellen. Denn Männer reagieren – wie Frauen durchaus auch – völlig unterschiedlich auf Düfte. Die einen mögen sie, die anderen schrecken sie regelrecht ab und verursachen ein extremes Ekelgefühl.

Dabei gibt es nicht einmal spezielle Vorlieben bei allen Männern. Die einen stehen auf süße, schwere Düfte, die anderen auf frische, leichte. Das müssen Sie nun für Ihren Mann herausfinden, und das geht eigentlich nur gemeinsam. Wichtig kann es allemal werden. Wie bemerkte schon die Schauspielerin Jeanne Moreau süffisant: »Frauen benützen Parfüm, weil die Nase des Mannes leichter zu verführen ist als sein Auge.«

Es kann aber auch andere Ursachen haben, dass er die Nase rümpft.

- Gibt es ein neues Waschmittel oder etwa einen Weichspüler, obwohl der ja ökologisch gesehen eigentlich nicht verantwortbar ist?
- Benutzen Sie gar eines dieser Raumsprays, die, direkt eingeatmet, fast schon Nasenbluten verursachen?
- Vielleicht haben Sie auch nur einen neuen Pullover, den Sie so toll fanden, dass Sie ihn gleich nach dem Kauf über die Bluse gezogen haben. Da riecht er nun – neu und ungewaschen – ein bisschen vor sich hin, was Sie vielleicht überhaupt nicht wahrnehmen.
- Oder aber waren Sie in der Mittagspause im Restaurant Küchengeruch ausgesetzt, der sich nun in Ihrer Kleidung festgesetzt hat?
- Mundgeruch beispielsweise kann auf eine verschleppte Magen-Darm-Infektion oder Zahnprobleme wie Karies hinweisen.

Gründe gibt es viele, Männer reagieren auf unterschiedliche Düfte durchaus sensibler, als Sie vielleicht bisher angenommen haben. Also achten Sie darauf, was Sie benutzen, bevor Sie sich plötzlich so gar nicht mehr riechen können.

Husch, husch ins Bett!

Wie's geht, darüber müssen wir ja hier nicht mehr reden, wir leben schließlich im 21. Jahrhundert. Was aber, wenn in Sachen Sex so mal nichts mehr geht? Darüber wird nur ungern geredet.

Zwar sind über die Hälfte der Deutschen der Meinung, ein erfülltes Sexualleben mit ihrem Ehe-Partner zu führen, aber was ist mit den anderen?

Für die Zufriedenheit in der Ehe spielt der Sex ganz klar eine wichtige Rolle – in jungen Jahren, aber auch für die Älteren! Aber ganz wichtig: Liebe braucht Zeit. Und der wachsende Erfolgsdruck im Beruf sowie die Alltagshektik bleiben offenbar nicht ohne Folgen.

Nun, die platonische Liebe mag ganz nett und innig sein, ja sogar ein Gefühl tiefster Zuneigung. Was uns nur leider tatsächlich von den Tieren unterscheidet, ist, dass wir einen Sexualtrieb besitzen, der nicht nur der Fortpflanzung dient, sondern dass die ganze Geschichte den meisten Menschen dazu auch verdammt viel Spaß macht.

Warum aber manchmal nicht mehr? Klar, die Lust nimmt nach dem Sturm der Gefühle zu Beginn der Liebe ab. Andere Dinge als das Entdecken des Körpers des Partners und die totale Leidenschaft rücken ungewollt mehr ins Zentrum. Erfolg im Beruf zum Beispiel, Finanzen, Zukunftssicherung, Haus.

Muss das so sein?

»Leidenschaftliche Liebe und Ehe ist zweierlei«, behauptete der Philosoph Georg Wilhelm Friedrich Hegel. Beweisen Sie in Ihrer Ehe das Gegenteil!

Aber es ist wie immer im Leben: Was stets gleich abläuft, macht irgendwann einfach keinen Spaß mehr. Sex gehört dazu, wenn er nach der 08/15-Nummer abläuft, bevor sich beide wieder auf ihre jeweilige Seite des Betts trollen, um noch zu lesen oder gleich einzuschlafen. Immer das gleiche Prozedere, ohne Mühe oder gar Phantasie. Langweilig.

Dabei gibt es sicher noch etwas Neues zu finden. Nicht nur im Mann steckt ein Forscher, gehen Sie doch auch mal auf Entdeckungsreise. Zumindest könnten Sie zum Anfang die Initiative ergreifen. Kundschaften Sie Ihren Mann aus, wenn Sie das direkte Gespräch scheuen, es Ihnen einfach Mühe bereitet, über Sex zu reden.

Stellen Sie ihm bei der Zeitungslektüre unverfängliche Fragen, als hätten Sie gerade etwas gelesen. Etwa: Stehst du eigentlich auf Strapse oder hochhackige Schuhe? Magst du Lack oder die passenden Stiefel dazu? Findest du rot als Haarfarbe erotischer als blond?

Ihr Mann wird sich zwar anfangs ein bisschen wundern, aber da er ja nicht blöd ist, wird er Sie machen lassen, denn die Absichten, die hinter Ihren Fragen stehen, erkennt er schnell. Und hoffentlich erlebt er sie auch.

Schließlich hat ein Mann irgendwann selbst ein schlechtes Gewissen, wenn er von Ihnen quasi Sex fordert, obwohl er weiß, dass Sie eigentlich gar keine so große Lust darauf haben.

Es ist für einen Mann eine tolle Bestätigung, wenn er merkt, dass seine Frau scharf auf ihn ist. Und das sollten Sie ihm unmissverständlich zeigen. Fangen Sie doch mal mit zwei Gläsern und einer Flasche Champagner an, auf die Sie heute im Bett mal einfach Lust haben. Klappen Sie seinen Krimi zu und entfernen Sie ihm gern die Sachen, die ihn eigentlich über Nacht warm halten sollten. Was danach kommt, das müssen Sie mit sich selbst abmachen. Was mag er, was mögen Sie.

So nicht!
Eines ist beim Sex auf jeden Fall katastrophal und wird die Lust Ihres Mannes auf Sie für alle Ewigkeit töten: Wenn Sie ihm einen Orgasmus vorspielen. Ihr Mann weiß zwar theoretisch: Böse haben Sie es nicht gemeint. Wenn Frauen einen Höhepunkt vortäuschen, dann tun sie es ihrem Partner zuliebe.

Bekommt er das irgendwann spitz oder schleudern Sie es ihm etwa bei einem Streit ins Gesicht, dann verliert Ihr Mann ganz schnell die Lust. Und das wäre doch jammerschade!

Nichts geht mehr

Tote Hose im Bett. Was nun?

Viele Männer ziehen sich zurück, weil sie sich wegen ihrer Erektionsstörung schämen, und haben nicht den Mut, mit der Partnerin darüber zu sprechen. Trotzdem ist der einzige Ausweg Reden. Tatsächlich, dieses Mal muss es sein, auch wenn es besonders ihn Überwindung kostet.

Erektionsstörungen kommen weitaus häufiger vor, als Sie vielleicht vermutet haben. Einer jüngeren amerikanischen Studie zufolge leidet jeder Mann zwischen 40 und 75 Jahren zumindest gelegentlich unter der so genannten »erektilen Dysfunktion«!

Doch Potenzstörungen können Ärzte heute fast immer mit Erfolg behandeln – das Problem ist das Tabu, mit dem das Thema immer noch belegt ist.

Muss sich Ihr Mann, der gelegentlich mal Erektionsprobleme hat, ernste Sorgen machen? Müssen Sie sich Sorgen machen?

Nein! Meistens sind es Stress oder berufliche Überlastung. Nur wenn es schon länger als sechs Monate nicht mehr richtig klappt, sollten Sie Ihren Mann zum Arztbesuch drängen. Er selbst wird den Besuch mit immer neuen Ausreden versuchen hinauszuzögern. Aber das ist ein Teufelskreis. Mit den Fehlversuchen im Bett steigen die Versagensängste, steigen die Fehlversuche, steigen die Versagensängste und so weiter.

Bei 70 Prozent der Betroffenen vermuten die Ärzte organische Ursachen. Die wichtigsten: Gefäßerkrankungen, hauptsächlich Arteriosklerose (Gefäßverkalkung), Bluthochdruck, Gefäßschäden durch Diabetes mellitus, Nervenprobleme wie Schäden an einzelnen Nerven im Genitalbereich, die zu Potenzproblemen führen können. Auch Alkoholismus kann durch Nervenschädigung zu Erektionsstörungen führen, Operationen im Beckenbereich wie an der Prostata oder Erkrankungen des Penis.

Auch seelische Probleme können Auslöser der Potenzprobleme sein. Depressionen zum Beispiel, Sorgen im Beruf. Oder irgendwas zwischen Ihnen beiden läuft schief.

Finden Sie die Ursache. Von ganz allein wird er nicht darüber reden. Und das Schlucken der lustigen blauen Pillen oder anderer Mittel, die auf dem Pharmamarkt sind, löst das Problem mitnichten.

Specials

Vielleicht haben Sie oder Ihr Mann bewusst oder ungewollt besondere Vorlieben beim Sex. Das sollten Sie ansprechen, vielleicht haben Sie ja beide darauf Lust.

Eines der natürlichsten Dinge ist der Sex unter freiem Himmel. So war es vor Tausenden von Jahren schon, und diese Leidenschaft steckt vielleicht immer noch in uns drinnen.

Möglicherweise verschafft einem auch der Reiz, dabei erwischt zu werden, den besonderen Kick.

Es gibt wohl auch kaum ein Paar, das nicht schon in der Natur miteinander geschlafen hat. Einfach, weil man als Jugendlicher daheim nie ungestört war und man sich ein Hotel nie hätte leisten können.

Autos sind eine andere Spielart, angehaltene Fahrstühle gehören zu einer der schärferen Varianten.

Natürlich können Sie es auch mit Rollenspielen und Verkleidungen versuchen. Was ja auch noch ganz amüsant sein kann, insofern Sie keine Kinder haben, die vielleicht mal Ihre Kostümierung sehen und fragen, ob schon wieder Karneval ist ...

Meist geht es in Deutschland aber doch harmloser ab. Allerdings wünschen sich viele deutsche Männer, dass die Frau ihres Herzens beim Sex die Initiative ergreift.

Was alles sonst noch möglich ist, wissen Sie und Ihr Mann selbst. Fesselsex, Sado-Maso, Swinger-Club, Sex zu Dritt und so weiter. Erlaubt ist tendenziell alles, was gesetzlich nicht verboten ist, beiden gefällt und keinem wehtut. Jedenfalls nicht seelisch. Sie müssen allerdings mit Ihrem Mann darüber sprechen.

Sexualität während der Schwangerschaft

Das Lustbedürfnis kann sich jedoch auch sehr unterschiedlich entwickeln; bereits während der Schwangerschaft kann sich das in Extremen bemerkbar machen: Manchmal will Frau überhaupt keinen Sex mehr oder andauernd und überall.

Während der ersten drei Monate befällt die Frau oftmals eine große Müdigkeit und Übelkeit, da die körperliche Umstellung viel Energie kostet und die Hormone stark beeinflusst. Viele schwangere Frauen ziehen sich dann vollkommen zurück und beschäftigen sich nur mit sich selbst.

Die Lust kehrt aber zurück, sobald sich die ersten Rundungen am Bauch abzeichnen. Die Hormonveränderung ist abgeschlossen, der Nachwuchs liegt sicher in der Gebärmutter. Bei einer intakten Schwangerschaft spricht dann nichts gegen häufigen Geschlechtsverkehr, da der Muttermund fest verschlossen ist und dem Neugeborenen nichts passieren kann.

Dennoch können gerade bei Männern ungeahnte Hemmungen auftreten: Sie fühlen sich plötzlich wie das fünfte Rad am Wagen, oder der Wandel ihrer Frau ging ihnen zu schnell vonstatten. Dabei sollte man die Schwangerschaft gerade als Möglichkeit erkennen, die innige Zweisamkeit zu genießen, gerade wenn es sich um das erste Kind handelt. Als Paar werden Sie nicht so schnell wieder die Gelegenheit bekommen, so ungestört und ausgeruht zu zweit zu sein.

Diese Phase ist übrigens ideal, um auch verschiedene neue Sexualpraktiken auszuprobieren.

Steht die Frau kurz vor der Geburt, kann Sex durchaus die erwünschten Kontraktionen auslösen. Und dann kann man das Baby endlich willkommen heißen!

Nach der Geburt

Ist das Baby endlich da, werden die Rollen in der Familie neu verteilt: Aus Mann und Frau werden nun auch Papa und Mama!

Was bedeutet das für Ihr Liebesleben? Zunächst wird es hier vermutlich ruhiger zugehen, denn nun muss man sich als Familie erst einmal kennenlernen, sich aufeinander einstellen, sich aneinander gewöhnen.

Darüber hinaus ist eine Geburt nicht nur emotional aufwühlend, sondern auch körperlich enorm belastend. Eine Weile in Sachen Sex zu pausieren ist durchaus sinnvoll und hilfreich.

Ein rücksichtsvoller und sensibler Umgang miteinander, ein reger Austausch über Alltägliches und Zukunftspläne wirken oftmals Wunder: Die Lust kommt zurück, sobald sich alles wieder eingespielt hat.

Do not disturb!

Der Nachwuchs äußert leider stets gerade dann Wünsche oder taucht auf, wenn Papa und Mama mal gerne wieder ungestört wären.

Aber im Laufe der Zeit kann man die Intimität schützen, indem Sie klare Zeichen setzen. Das Problem ist, dass zahlreiche Eltern mehr und mehr das Gefühl bekommen, nur noch zu funktionieren: Sie haben keine Zeit mehr für die eigenen Bedürfnisse und schlafen nicht mehr ausreichend. Das ist nicht nur nervenzehrend, sondern erstickt auch jegliches Lustempfinden.

Am wichtigsten ist es, dass Sie sich Zeiträume für sich alleine reservieren, in denen Sie auf keinen Fall gestört werden wollen. Ganz ohne schlechtes Gewissen sollten Sie bewusst diese Auszeiten einplanen.

Am Ende werden diese auch von Ihren Kindern respektiert werden, denn letztendlich ist es auch für sie schön, wenn die Eltern ein glückliches Paar sind. Schützen Sie also Ihre Liebe und Privatsphäre, indem Sie sich Ihre Elternzeit reservieren. Bei konsequenter Handhabung werden es selbst die kleinen Kinder akzeptieren.

Ein Babysitter ist hierbei selbstverständlich hilfreich. Oder die Großeltern oder Freunde passen am Abend oder am Wochenende auf den Nachwuchs auf.

Aber: Nichts sollte durch Zwang und Druck geschehen. So ist es auch kein Beinbruch, wenn trotz guter Organisation mal »nichts« passiert. Viel wichtiger ist es, zu wissen, dass man immer wieder die Möglichkeit dazu hat ...

Verhütung – eine Sache für zwei

Stillen ist bekanntermaßen kein ausreichender Schutz. Daher sollten Sie rechtzeitig wieder das Thema Verhütung ansprechen. Dabei möchte nicht jede Frau sogleich wieder Hormone einnehmen oder sich eine Spirale legen lassen. Als alternative Verhütungsmethoden gelten ein Diaphragma und/oder Kondome, da diese den Zyklus nicht belasten und konsequent angewendet sehr sicher sind.

Auf der falschen Koppel

Nun ist passiert, was Sie vorher nie für möglich gehalten hatten. Ein netter Abend zu zweit, der Wein tat zum Essen ein Übriges, endlich hatten Sie mal wieder richtig guten Sex, völlig losgelöst. Leider auch von Ihrem Mann: Sie sind fremdgegangen! Uuuups?

Was, wenn Ihr Gatte davon erfährt? Vor allem müssen Sie für sich klären, ob es ein Seitensprung war oder nun auch noch eine längerfristige Affäre daraus wird. Bei einem Seitensprung stehen die Chancen auf die Fortdauer der Ehe besser. Die meisten Ehepartner sehen – nach dem ersten Schock – in einem Seitensprung des Partners keinen Trennungsgrund.

Einen Unterschied zwischen Männern und Frauen gibt es hier nicht. Ein Seitensprung ist in jedem Fall eine üble Geschichte. Er zerstört das Vertrauen für immer, auch wenn Sie und Ihr Mann nach einem klärenden Gespräch einander versprechen, ganz von vorne anzufangen.

Etwas bleibt immer hängen, ob Sie es wollen oder nicht, sein Misstrauen wird Sie stets begleiten, wenn Sie etwas ohne ihn unternehmen.

Sie gehen mit Ihrer Freundin ins Kino? Er wird Sie noch spät am Abend fragen, wo Sie waren, in welchem Film, wie Sie ihn fanden, was der Inhalt war. Er wird bei Gelegenheit auch Ihre Freundin fragen, wo sie mit Ihnen war und wie sie den Film gefunden hat. Sicherheitshalber, um festzustellen, ob jemand lügt.

Das Gleiche passiert, wenn Sie zum Essen gehen. Was gab es wo mit wem?

Sie müssen auf eine Dienstreise? Viel Vergnügen. Richten Sie sich darauf ein, nonstop erreichbar zu sein. Dieses Mal nicht nur per SMS am Handy. Nein, Sie werden Ihren Mann nicht wiedererkennen, so oft möchte er plötzlich mit Ihnen plaudern. Nachmittags, abends. Stellen Sie sich darauf ein, dass auch im Hotelzimmer Ihr Telefon bimmelt. Quasi als Sicherheitscheck in der Nacht und am Morgen, ob Sie da sind und ob Sie frei sprechen können, weil sich ja vielleicht noch jemand anderes im Zimmer befinden könnte.

Nein, das Misstrauen wird sich – je nach Typ Mann – in Ihre Ehe fressen. Er wird in Ihren Sachen stöbern, wenn Sie ihm die Gelegenheit dazu geben. Er wird Ihre Kosmetiktasche untersuchen, ob sich darin Kondome befinden. Oder er geht gleich an Ihr Heiligstes, die Handtasche. Er checkt Ihre Kreditkartenabrechnungen nach ungewöhnlichen Zahlungen, für Restaurants, Hotels. Und, Gipfel aller Gemeinheiten: Ihr Mann filzt die Einstellungen auf Ihrem Handy. SMS, Adressenspeicher, angerufene Nummern.

Sie nehmen Ihr Handy von nun an immer überall mit hin, selbst auf die Toilette? Das ist doch irgendwie krank und kann auf Dauer nicht gutgehen. Hier zeigt sich, dass das Vertrauen endgültig zerstört und die Ehe das ist, was Anwälte und Richter gern »zerrüttet« nennen.

Wie erwähnt: Das muss nicht sein, kann es aber. Es kommt auf den Typ Mann an, den Sie geheiratet haben. Manch einer verlässt sich vielleicht auf Ihre Zusage, es nie wieder zu tun.

Also vermeiden Sie das Fremdgehen lieber gleich.

Und wenn Sie nun nicht darüber reden? Was er nicht weiß, macht ihn auch nicht heiß. Schließlich reicht es ja, wenn Sie nur Ihrer besten Freundin über Ihr außereheliches Sexabenteuer erzählen. Doch selbst die kann schon eine Person zu viel sein, die davon erfahren hat. Wissen Sie, ob sie ihr Leben lang Ihre beste Freundin bleibt?

Noch eine Gefahr: Was Sie können, kann er schon lange! Ihr Mann nimmt Ihren Seitensprung zum Anlass, nun jeder Frau nachzusteigen. Aus Rache, verletzter Eitelkeit, eben für sein angeschlagenes Ego überprüft er nun seinen eigenen Marktwert in der freien Wildbahn.

Lassen Sie es lieber bleiben. Denn fragen Sie sich, wie Sie reagieren, wenn er fremdgegangen ist. Klar, zunächst würden Sie ihm den Kopf abreißen. Und reagieren Sie so, wie Sie es erwarten würden, wenn Ihnen am Fortgang der Ehe etwas liegt – was wir ja wohl ganz stark annehmen wollen!

Psssst – vertraulich!

Ihre Freundin und Sie erzählen sich alles. Schon als Kinder haben Sie sich gegenseitig verraten, in welchen Jungen Sie sich gegenseitig verliebt haben, und so blieb es auch die Jahre danach, als die Jungen immer größer wurden und dann sogar richtige Männer.

> **So nicht!**
> Mittlerweile haben Sie den Erzählrahmen erweitert und breiten Ihrer Freundin gegenüber auch die Bettgeschichten aus.
> Meinen Sie, es ist wichtig, dass sie weiß, dass Ihr Mann der größte Hengst nördlich des Äquators ist? Oder umgekehrt: dass er in der vergangenen Nacht einen Hänger hatte, dass Ihr Urlaubsflirt klar der bessere Lover war oder dass Ihr Ex-Freund mehr Phantasie im Bett hatte?
> Solche Dinge will Ihr Mann nicht hören – und schon gar nicht möchte er, dass andere etwas von Ihrem Intimleben wissen. Selbst wenn es die beste Freundin ist.

Denn Ihr Mann wird sich denken, auch mit der besten Freundin kann es mal Streit geben, und dann erzählt sie wiederum ihren vermeintlich besten Freundinnen, was sie alles von ihrer nun Ex-Freundin und deren Ehemann weiß.

Andere Möglichkeit: Ihre beste Freundin ist die größte Tratschtante weit und breit, die alles, aber auch alles, weitertragen muss.

Auf der nächsten Party spürt Ihr Mann regelrecht, wie über ihn gelästert wird, oder es fallen gehässige Bemerkungen wie etwa »wie geht's, wie steht's?«

Seien Sie sicher: Das Verhältnis Ihres Mannes zu Ihrer besten Freundin wird bis auf alle Ewigkeit mehr als verspannt sein!

Kurz und gut:

- Beweisen Sie auch daheim Eleganz, auch wenn Sie es bequem haben möchten.
- Achten Sie auf Ihre Figur.
- Auch Frauen müssen sich rasieren.
- Lassen Sie sich im Bett verwöhnen, aber vergessen Sie dabei auf keinen Fall Ihren Mann.
- Schicken Sie Ihren Mann bei ernsten Potenzproblemen zum Arzt.
- Sprechen Sie auch über ungewöhnliche Sex-Phantasien.
- Erzählen Sie keinem Ihre Bettgeschichten, auch nicht Ihrer besten Freundin!

»Es gibt jede Menge Problemfälle in der Ehe.
Und immer ein paar Pflichten, wenn man verheiratet ist:
mal welche mit Genuss, mal ziemlich unangenehme –
wie manchmal die Familie.«

Diplomatischer Dienst

Unterschiedliche Auffassungen

Autofahren

Die Szenen, die sich im Innern eines Autos abspielen, bekommen die meisten Verkehrsteilnehmer zum Glück nicht mit. »Pass auf!« »Links rüber!« »Du glaubst doch nicht im Ernst, dass du in diese Parklücke kommst, oder?«

Männer und Frauen fahren anders Auto, diese Erfahrung hat jeder gemacht. Peinlich für die Männer ist nur, dass sie von sich aus gefühlt die besseren Fahrer sind, aber die Versicherungen den Frauen die günstigeren Tarife anbieten. Aber fahren die Männer deshalb alle rücksichtloser, aggressiver, ja brutal? Schneller sind sie in jedem Fall, auf der Autobahn wie natürlich besonders beim Einparken.

Frauen können vielleicht nicht besser Auto fahren als Männer, aber durch ihre höhere soziale Kompetenz sind sie insgesamt bessere Autofahrer.

Die Männer wollen das leider nicht ganz wahrhaben. Aber Sie als Frau wissen ja nun, warum Ihr Mann auf dem Beifahrersitz etwas gereizt reagiert, wenn Sie am Steuer sind. Sehen Sie es ihm in Zukunft einfach nach und trösten Sie sich still damit, dass Sie womöglich der beste Autofahrer in Ihrer Familie sind.

Kommunikation

Warum wollen Frauen eigentlich immer reden?

Und zwar nicht über die wichtigen Dinge des Lebens wie Sport, Autos, Politik? Sondern unwichtige wie Gefühle, Probleme, Zukunft?

Im Ernst: Die Gesprächs- und Diskussionskultur zwischen Frauen und Männern unterscheiden sich gewaltig und führen immer wieder zu Konflikten, obwohl die gar nicht nötig scheinen. Doch schon beim Satz »Was denkst du gerade« fällt beim Mann automatisch die innere Klappe. Und der Befehl »Wir müssen reden« löst in Sekundenbruchteilen den Fluchtreflex aus.

Warum das so ist? Millionen Menschen wären glücklicher, wenn es eine einfache Erklärung dafür gäbe. Und Tausende von Paarpsychologen und Eheberatern müssten sich nach einem neuen Job umschauen.

Fakt ist: Frauen reden 23 000 Wörter pro Tag, Männer 13 000. Männer reden also nicht ganz so gern. Sie sind der Ansicht, dass man Probleme auch zerquatschen kann, wo es eine einfache schnelle Lösung gibt. Zugespitzt könnte man sagen: Frauen reden, Männer handeln.

Richtig ist, dass Sie bei wichtigen Entscheidungen in Ihrer Ehe das Für und Wider sorgfältig abwägen sollten, aber eine einmal getroffene Entscheidung muss man nicht nochmal aufrollen.

Männer reden zudem nicht gern darüber, was sie nervt, weil sie eher dazu neigen, Streit zu vermeiden. Getreu dem Motto, dass Sie als Ehefrau schon allein herausfinden, was ihn nervt und was nicht.

Wie war das nochmal vor der Erfindung des Handys? Richtig, da kam die Frau am Abend von der Arbeit nach Hause, und das Telefon war stundenlang blockiert. Und wenn sie nicht von der Arbeit nach Hause kam, dann war das Telefon abends trotzdem stundenlang blockiert. Nur tagsüber dann leider auch.

Eines der großen Rätsel der Menschheit für die Männer lautet deshalb: Worüber können Frauen mit ihrer Mutter oder ihren Freundinnen eigentlich so dermaßen lange quatschen?

Ein wenig ließ sich für die Männer die ganze Geschichte aufklären, seit sie gezwungenermaßen in Zügen, Bussen, U-Bahnen, Restaurants und Kneipen Zeugen dieser Unterhaltungen werden, weil jetzt eben überall per Handy munter drauflosgequasselt wird. Eigentlich haben sich die Frauen nichts von Belang zu erzählen.

Es geht ums Wetter, die passende Kleidung, eine mögliche Verabredung in den nächsten Tagen (nicht zum Telefonieren natürlich, sondern zum Sehen), das TV-Programm und so weiter. Ach so, manchmal taucht auch die Frage auf, welcher Hollywood-Schauspieler nun eigentlich den knackigsten Hintern hat. Wenn's wichtig ist …

Warum tun sie das? Solange es nicht weiter stört, in Ordnung.

Unwohlsein kommt bei den Männern freilich auf, wenn Sie mit Ihrer Mutter oder Ihrer Freundin über andere Menschen regelrecht herziehen. Das erzeugt eine Angst. Nämlich die, dass genauso mal über Ihren Mann und seine Schwäche gelästert wird. Vermeiden Sie es daher lieber, in seiner Gegenwart zu klatschen.

Leder

Ihr Mann kommt nach Hause und sieht das Unheil in Form von bunten Tüten: Sie waren in der Stadt und konnten an keinem der diversen Schuhgeschäfte vorbeigehen. Und die Spezialläden mit den Handtaschen haben Sie auch keinesfalls links liegen gelassen.

Nach Einschätzung von Psychologen sind viele Frauen dem Schuhrausch verfallen, weil sie sich mit deren Hilfe verhältnismäßig leicht verwandeln können: vom patenten sportiven Typ in flachen Sneakern ins verführerische Luxusweib in Prada.

So die Fachleute. Egal, wie lange Sie schon zusammen und verheiratet sind: Ihr Mann wird sich niemals erklären können, was an diesem Material so faszinierend ist, dass Frauen es im Dutzend (Taschen) oder in Dutzenden (Schuhen) besitzen müssen.

Ihr Mann hat das Gefühl, dass Sie allein die große Umsatzschleuder der Lederindustrie sind. Umso merkwürdiger, dass auch Ihre Freundinnen diesem Tick verfallen sind, wobei ihm mindestens zwei als strikte Vegetarierinnen bekannt sind. Bei denen ruft es zwar regelrechten Ekel hervor, wenn sie Rindfleisch auch nur sehen, doch scheint es ihnen mitnichten etwas auszumachen, dass den armen Viechern die Haut abgezogen wird, damit daraus schicke Pumps genäht werden können.

Es wird der Tag kommen, da wird Ihr Mann eine Aufklärung für diesen Widerspruch verlangen. Vielleicht sind Sie oder Ihre Freundinnen für diesen Augenblick in Sachen Argumente wohl präpariert.

Im Moment dürfte es ihn aber mehr interessieren, wo Sie

das ganze Geld für die Schuhe herhaben. Ist es Ihr eigenes verdientes Geld, geht ihn das prinzipiell nichts an. Und wen wollen Sie mit diesen Dingern, die Ihre tollen Beine so besser zur Geltung bringen, eigentlich beeindrucken? Schließlich sind Sie längst verheiratet. Mit ihm.

Fragen über Fragen. Gibt es darauf kluge Antworten? Wohl nicht. Und so richtig verstehen wird er Ihre Zuneigung zu Schuhen und Handtaschen wohl nie.

Trösten Sie sich. Und ihn. Schließlich befinden Sie sich in bester Gesellschaft. Filmstar Bette Middler sagte einmal: »Gib einem Mädchen die richtigen Schuhe und sie wird die Welt erobern.« Marilyn Monroe stand auf Highheels, Serien-Figur Carrie Bradshaw aus »Sex and the City« hatte für 40 000 Dollar Schuhe im Schrank. Imelda Marcos, die Frau des philippinischen Ex-Diktators Ferdinand Marcos, nannte rund 3000 Paar ihr Eigen – noch gar nichts gegen Popstar Maria Carey, die – wie sie behauptet – mehr als 10 000 Paar besitzt.

Schnarchen

Leider hat sich Ihr Mann nicht richtig vorgestellt. Dachten Sie doch, er arbeitet in einem Büro. Aber nachts entpuppt er sich tatsächlich als Sägewerksbesitzer.

Ihr Mann schnarcht! Er bringt Sie um den Schlaf. Mit einem Geräuschpegel von 70 Dezibel! Sie sind sauer!

Es kann aber auch genauso gut sein, dass es umgekehrt läuft. Schnarchen, das geräuschvolle Atmen durch den Mund, ist weit verbreitet. 20 Prozent aller Erwachsenen röhren im Schlaf. Mit zunehmendem Alter erhöht sich die Häufigkeit erheblich. Etwa 60 Prozent der Männer und 40 Prozent der Frauen über 60 Jahre schnarchen.

Vom gesundheitlichen Standpunkt her ist Schnarchen meistens harmlos und nur für die Umgebung störend. Bei manchen Menschen aber wird die Luftröhre komplett blockiert, sodass es zu Atemaussetzern kommt. Der Schlafende erhält dann zeitweise keine Luft mehr. Dadurch erwacht er und wird erheblich in seinem Schlaf gestört. Er erhält nicht genug Sauerstoff und schläft extrem schlecht. Dies führt zu Tagesmüdigkeit, Konzentrationsstörungen – und es ist eine erhebliche Belastung für das Herz-Kreislauf-System. Ganz zu schweigen von der Belastung für die Ehe.

So geht's!

Was können Sie tun bei Ihrem Partner, einem normalen Schnarcher? Bevor der Streit um einen erholsamen Schlaf eskaliert?

- Ganz einfach, wenn es möglich ist: Legen Sie sich getrennte Schlafzimmer zu. So schläft jeder ungestört, und wenn Sie einmal mit Ihrem Mann kuscheln wollen, können Sie ihn ja immer besuchen. Umgekehrt funktioniert es natürlich genauso.
- Sind zwei Schlafzimmer nicht möglich oder weigern Sie sich oder Ihr Mann komischerweise, getrennt zu schlafen, helfen ein paar Änderungen. Eine Veränderung der Schlafposition zum Beispiel. Keine Rückenlage mehr, Kopf hoch. Extremer Tipp: Tennisbälle in den Schlafanzug oder das Nachthemd einnähen, damit der Schnarcher nicht mehr auf dem Rücken schlafen kann. Klingt gemein? Ist aber harmlos. Schlaflose Nächte sind böser.
- Wenn die Backenmuskulatur erschlafft ist: Kaufen Sie eine so genannte Schnarchbinde, die um Kinn und Scheitel gebunden wird. Die verhindert das Absinken des Unterkiefers.

- Übergewicht weg! Weniger Kilos helfen gegen Schnarchen.
- Kein Alkohol mindestens zwei Stunden vor dem Zubettgehen: Durch Alkohol erschlaffen die Muskeln.
- Beruhigungsmittel oder Schlafmittel können ebenso Schnarchen auslösen.

Zwar schläft die Hälfte der Deutschen am besten, wenn sie ihren Partner neben sich weiß, aber ganz so eng scheinen die partnerschaftlichen Bande dann doch nicht geknüpft zu sein. Spätestens wenn der Partner im Schlaf ganze Wälder zu Kleinholz zersägt, ist für viele Schluss mit der Zweisamkeit. Was auch immer die Ursache ist, wer auch immer schnarcht: Absichtlich macht es bestimmt niemand von Ihnen. Darum muss und darf es hier auch nicht zum Streit kommen. Er bringt Sie ja nicht aus lauter Jux um den Schlaf. Da gibt es interessantere Möglichkeit als das Schnarchen.

Ab zum Doktor

Sie denken sich: Worauf wartet der Kerl noch? Seit Tagen hat er Zahnschmerzen oder die Sehne schmerzt oder der Hals ist geschwollen. Aber zum Arzt geht Ihr Mann nicht. Er drückt sich, will einfach nicht. Während Sie schon längst im Wartezimmer gesessen hätten, erwägt er nicht mal ernsthaft einen Besuch in der Praxis.

Warum?

Wenn vier Frauen zum Arzt gehen, schafft es im Verhältnis dazu nur ein Mann. Obwohl seine Lebenserwartung im Durchschnitt sechs Jahre niedriger ist. In Deutschland werden Frauen derzeit durchschnittlich 81 Jahre alt, die Männer hingegen nur knapp 75.

Größer ist nur die Wahrscheinlichkeit, dass er wegen eines Notfalls ins Krankenhaus eingewiesen werden muss.

Beliebte Ausrede bei gesundheitlichen Problemen: Keine Angst, das vergeht wieder. Aha.

Hodenkrebs ist die häufigste Krebserkrankung unter Männern zwischen 20 und 40 Jahren, aber fast 90 Prozent aller europäischen Männer verzichten darauf, ihre Hoden untersuchen zu lassen. Sie tasten sie nicht einmal selbst ab. Machen Sie es also oder besser: Jagen Sie Ihren Mann zum Arzt, wenn Ihnen etwas an ihm liegt.

So nicht!

Für manche Männer scheint es einfacher zu sein, über ihre rektale Blutung nicht zu reden und davon auszugehen, dass es sich dabei lediglich um Hämorrhoiden handelt (für ihn schon peinlich genug, aber dagegen gibt es ja eine Creme) und nicht um Darmkrebs. Eine oft tödliche Selbsttäuschung, mit die gefährlichste Lüge der Welt.

In jedem Mann steckt, ob er will oder nicht, ein Macho. Schon als Kind musste er hart, tapfer, einfach cool sein. Nun stellen Sie ihn sich einmal vor, wie er den Arm um Sie legt und über Stress, Ängste, Depressionen, Brustschmerzen, ausfallende Haare, Alkohol- und Nikotinkonsum erzählt. Und macht er das erst recht bei einem Fremden, einem Arzt?

Männer sind und bleiben Helden. Nach ihrem Selbstverständnis. Das soll er ja ruhig bleiben. Aber bringen Sie ihn auf den richtigen Weg. Sie können ihm ja mal erzählen, dass auch John Wayne verdammt früh an Krebs gestorben ist. Nicht im Film, im richtigen Leben.

Ausreden, den Arztbesuch zu vermeiden, wird er immer finden. Keine Zeit zum Beispiel, weil er sich angeblich in der Firma nicht freinehmen kann.

Das Problem liegt teilweise darin begründet, dass Männer häufig ein gewisses Gefühl der Peinlichkeit an den Tag legen, wenn es um ihren Körper geht, und Ärzten gegenüber oftmals eine ablehnende Haltung einnehmen – das so genannte »Weißer-Mantel-Syndrom«. Viele Männer tun sich schwer damit, bestimmte anatomische Gegebenheiten und Funktionen zu beschreiben, vor allem dann, wenn es sich dabei um intime Körperregionen handelt. Viele fürchten, wegen ihrer Beschwerden ausgelacht zu werden. Immer wieder kommt es vor, dass männliche Patienten vor der Untersuchung zu ihrem Arzt sagen: Versprechen Sie mir, dass Sie nicht lachen.

Seien Sie also lieb zu ihm und versprechen Sie ihm auch, dass Sie nicht lachen.

Und auch, die Medikamente nicht zu nehmen, die – falls er sich doch in die Praxis getraut hat – in der Packung bleiben. Weil ja statt des Nutzens die Nebenwirkungen überwiegen.

Machen Sie Ihrem Mann klar: Wenn er partout keine Zeit für seine Gesundheit haben mag, wird er eines Tages ganz viel Zeit für seine Krankheiten haben müssen.

Der Gang übers Glatteis: Familienfeiern

Selbst wenn Sie die Familie Ihres Mannes nicht mögen, Sie können sie nicht einfach wegzaubern. Von Ihnen ist nun leider Nachsicht gefordert.

Es kann eben sein, dass Ihr Mann an einem Großteil der Sippe hängt, mit der er groß geworden ist. Für ihn ist der Großonkel, der Ihnen nun mit feuchter Aussprache erzählt, bestimmt mehr als eine Nervensäge. Vielleicht knüpfen sich an ihn tolle Kindheitserinnerungen, weil er bei ihm im Garten immer hemmungslos herumtoben konnte und weil dieser Onkel ihm ein paar Groschen für den Kauf von Süßigkeiten zusteckte. Mit dem Single-Cousin, der Ihnen schon die ganze Zeit unverhohlen auf den Ausschnitt glotzt, müssen Sie zwar keinen Urlaub verbringen, doch irgendwie mit ihm klarkommen. Vielleicht hat er ja mit Ihrem Mann gemeinsam den ersten Fisch gefangen. Und auch bei der pubertierenden Nichte, die Sie mit Ihren kruden Thesen zur Weltrevolution und der neuesten Theorie zum Weltuntergang nervt, sollten Sie Toleranz üben. Vielleicht konnte sie ja als drittes Wort nach Mama und Papa ausgerechnet den Namen Ihres Mannes aussprechen.

So etwas verbindet ein Leben lang. Und Sie sind erst vor viel kürzerer Zeit ins Leben Ihres Gatten getreten.

Die richtig großen Familienfeste haben für Außenstehende immer etwas sehr Verspanntes. Besonders, wenn Sie die große Verwandtschaft zum ersten Mal zu Gesicht bekommen, weil Sie damals im kleinen Kreis geheiratet haben.

Nun werden Sie taxiert und im Laufe des Tages oder Abends stets mit denselben Fragen konfrontiert, wenn Ihr Mann – was er kaum getan haben dürfte – nicht zuvor Ihren Lebenslauf an die komplette Sippe verschickt hat. Wo haben Sie sich kennengelernt? Wo war Ihre Hochzeit (unterschwellig natürlich dabei der Vorwurf: Warum war ich nicht eingeladen?)? Wie sieht's, ha, ha, mit dem Nachwuchs aus? Was machen Sie sonst so beruflich? Also das ganze Spektrum der Fragen, die Sie in anderer Form auch schon gehört haben, als Sie zum ersten Mal den Freundeskreis Ihres Mannes zu Gesicht bekamen.

Da müssen Sie nun einfach durch. Und immer hübsch lächeln. Der erste Eindruck bleibt schließlich hängen.

Und vergessen Sie nicht bequeme Schuhe. Sie haben gewonnen, wenn die diversen Onkel Ihres Mannes Sie in den kommenden Stunden permanent zum Tanzen auffordern.

Der natürliche Feind Nr. 1: Schwiegermutter

Er gibt es zwar nicht zu, sondern säuselt Ihnen immer ins Ohr, dass Sie für ihn die tollste Frau der Welt sind. Was er aber ganz vergessen hat zu sagen, ist, dass für ihn die wichtigste aller Frauen Mami ist.

Wenn Sie seine Mutter also auf den Tod nicht ausstehen können, geben Sie trotzdem den Kampf auf, bevor Sie ihn begonnen haben: Sie können nur verlieren!

Die Mutter Ihres Mannes hat ihn überhaupt erst zum Leben gebracht, ihn geboren, ihn gestillt, versorgt und umsorgt, ihn bei Wehwehchen getröstet, ihm Gute-Nacht-Geschichten vorgelesen, ihm bei den Hausaufgaben geholfen, ihm immer ein paar Mark zugesteckt, wenn das Taschengeld mal wieder nicht reichte, Lebensmittel in seiner ersten WG vorbeigebracht, wenn es während des Studiums zum Einkauf nicht mehr langte. Ihr Sonntagsbraten war außerdem ein Gedicht.

Wie sollen Sie dagegen bestehen können? Klar, es gab auch ein paar negative Aspekte in der Beziehung zwischen Ihrem Mann und seiner Mutter. Etwa, dass sie immer Herzchen auf seine kaputten Jeans genäht hat. Dass sie ihn als Kind zum Essen von Leber und Spinat gezwungen hat. Dass sie seinen Lieblingsplüschbär auf den Müll gefeuert hat. Dass sie jede seiner Freundinnen schlechtgemacht hat, sogar Antje, diesen blonden Engel. Dass sie beim Knutschen plötzlich im Zimmer gestanden und gefragt hat, ob man Chips oder Cola wolle. Kleinigkeiten im Verhältnis zu dem, was sie davor geleistet hat.

Gegen diese Überfrau wollen Sie es aufnehmen? Vergessen Sie's!

Ihr Mann leidet bestimmt nicht unter einem Ödipus-Komplex, aber wenn er sich zwischen Ihnen und seiner Mutter entscheiden soll, kommt er extrem in die Bredouille. Er liebt sie beide, jede auf eine andere Art, und er wird sehr unglücklich sein, wenn Sie sich nicht verstehen.

Er kann sich nicht entscheiden, und jedes Mal wird es ihm das Herz zerreißen, wenn er diesen Konflikt bemerkt. Wie konnte es überhaupt dazu kommen?

Einmal könnte der Fehler durchaus bei der Schwiegermutter liegen. Etwa wegen ihrer notorisch-natürlichen Eifersucht, die ihr sagt, dass Sie schon mal gar nicht die Richtige für ihren Sohn sind und dass Sie ihr nun ihr Liebstes wegnehmen. Was Sie ja gar nicht vorhatten, jedenfalls nicht gänzlich.

Auf der anderen Seite kann auch Ihr Auftreten dazu beigetragen haben. Waren Sie nicht vielleicht eine Spur zu arrogant, haben seine Mutter spüren lassen, dass es nun eine viel wichtigere Person in seinem Leben gibt? Nämlich Sie!

Anders sieht es natürlich aus, wenn Ihre Schwiegermutter unangemeldet bei Ihnen daheim auftaucht, um nach dem Rechten zu sehen. Stehen Sie beide auf Kriegsfuß, hat sie in Ihrem Zuhause nichts zu suchen. Dann muss Ihr Mann eines der schlimmsten Dinge machen, die ein Mann nur tun kann: Er muss seiner Mutter etwas verbieten und ihr damit klarmachen, was Sie für ihn bedeuten. Sie sind nun die wichtigste Frau in seinem Leben. Das ist zwar kein gewonnener Kampf für Sie, aber immerhin ein Waffenstillstand.

Wenn Sie ein großes Herz haben und ein bisschen zur Selbstverleugnung neigen, können Sie natürlich auch kapitulieren. Aber Ihre natürliche Reaktion war da schon ganz richtig: Ihr Mann wird seine Mutter zwar immer lieben, doch es ist vielleicht ganz gut, wenn er sich nun, da es Sie gibt, doch ein bisschen abnabelt.

So geht's!

Wie auch immer, es muss eine Lösung her.

- Sie können die Besuche im Elternhaus Ihres Mannes beschränken oder ganz auf sie verzichten. Im Zweifelsfall ist es immer besser, Ihr Mann fährt allein, als dass das Damoklesschwert eines enormen Streits über jedem Besuch hängt. So sind alle glücklich: Sie, weil Sie Ihre Schwiegermutter nicht ertragen müssen, diese, weil sie Sie nicht sehen muss, und Ihr Mann, na ja, der ist ein bisschen glücklich und ein bisschen traurig, weil er sich für die Zukunft eigentlich eine harmonische Beziehung erträumt hatte.
- Sie können die Besuche auch auf ein Minimum beschränken, Geburtstag, Weihnachten, und sich denken, irgendwie komme ich da schon durch.
- Vermeiden Sie nur eines: die Konfrontation.

Der natürliche Feind Nr. 2: Schwiegervater

Nein, nein, nicht sein Vater hat Sie auf dem Kieker, sondern was für seine Mutter gilt, das steht auch für Ihren Paps: Er dürfte Ihrem Mann zunächst mit enormer Skepsis begegnen. Wie Sie seiner Mutter irgendwie das Liebste geraubt haben, macht er unwillkürlich das Gleiche bei Ihrem Vater.

Hat er Sie, sein kleines Mädchen, nicht immer ins Gebet genommen, wenn Sie in die Disco gefahren sind? Hat er nicht so lange wie möglich verlangt, dass Sie bis spätestens zehn Uhr am Abend wieder daheim sind, und Sie sogar notfalls peinlicherweise von der Party abgeholt, wenn es keine anderen Rückfahrtsmöglichkeiten gab? Und hat er nicht jeden Ihrer Begleiter, der Sie zu Hause abgeholt hat, richtig ausgequetscht und ihm das Versprechen abgenommen (sonst gibt es mächtig Ärger, Freundchen!), Sie unbeschadet zurückzubringen? Weil er in jedem Ihrer Teenager-Freunde einen potenziellen Kerl gesehen hat, der seiner Tochter die Unschuld nimmt und womöglich schwängert?

Nun weiß er mit Sicherheit, dass spätestens Ihr Mann Ihnen Ihre Unschuld genommen hat. Das ist kein guter Start in eine Familienbeziehung.

Als Sie Ihrem Vater verkündet haben, dass er der Typ ist, den Sie heiraten werden, wird er den Mann bereits auf Herz und Nieren geprüft haben: Job, Bonität, Elternhaus, Ansichten – besonders natürlich die über Sport und Politik. Entweder hat Ihr Mann diesen Test bestanden oder er ist kläglich durchgefallen, weil er vor Nervosität gegenüber diesem Alphatier in Ihrem Elternhaus schon bei der erstbesten Frage nur dummes Zeug gestammelt hat.

Dann haben Sie jetzt ein Problem.

Es könnte sein, dass Ihr Vater seinen Unmut über seinen Schwiegersohn im Familienkreis häufig äußert. Hören Sie dann weg oder nehmen Sie Ihren Vater ins Gebet?

Fakt ist: Eine einmal zerrüttete Beziehung zwischen Mann und Schwiegervater lässt sich ebenso wenig kitten wie das zwischen der Frau und der Schwiegermutter. Denn was kann Ihr Mann tun, um das Verhältnis zu reparieren?

Gut, vielleicht steigt sein Ansehen bei Ihrem Vater, wenn es doch noch mit der Karriere als Astronaut klappt oder als Trainer seiner Lieblings-Fußballmannschaft. Vielleicht macht es ihn auch stolz und Ihren Mann beliebter, wenn sein Enkelsohn nach ihm benannt wird – oder zumindest mit dem zweiten Namen.

Letztlich bleibt es aber dabei: Entweder verstehen sich beide von Anfang an oder nicht. Akzeptieren Sie es und machen auch Sie Ihrem Vater klar, dass es da einen sehr wichtigeren Mann in Ihrem Leben gibt. Ihr Ehemann ist ja zuvor vielleicht auch über seinen Schatten gesprungen und hat seiner Mutter Ähnliches erzählt.

Sonst noch wer?

Einflüsterer wird es in Ihrer Ehe viele geben. Manche tun es unscheinbar, manche etwas offensichtlicher. Von vielen dieser versteckten Mitspieler bekommt Ihr Mann überhaupt nichts mit und weiß darum gar nicht, wer oder was ständig Ihre Beziehung belastet. Nun sind Sie gefragt.

Sie haben sich wieder mit Ihrer besten Freundin getroffen. Und die hat Ihnen erzählt, dass sie eigentlich gar nichts von der Ehe und vor allen Dingen von dem Mann hält, der da gerade bis eben glücklich auf der Couch saß. Die Frage ist nur: Wie gehen Sie damit um? Halten Sie zu Ihrem Mann oder zur Freundin oder kriegen Sie beides unter einen Hut, ohne einen zu verlieren?

Fragen Sie sich, ist sie wirklich noch Ihre Freundin? Und in wessen Gesellschaft sind Sie eigentlich glücklicher? Klar, vor Ihrer Ehe waren es unbeschwerte Tage. Sie war immer zur Stelle, wenn Sie Spaß haben wollten, einfach nur quatschen mochten oder wenn mal der Schuh drückte. Sicher hat sie Ihnen auch geholfen, wenn es richtig große Probleme gab. Liebeskummer, Stress im Job, misslungener Haarschnitt.

Aber was macht sie jetzt? Sie sind glücklich und sagen ihr das auch. Plaudern über die Vorzüge Ihres Mannes, wie schön das Leben mit ihm doch ist. Dass Sie sich vorstellen, bald Kinder zu haben. Zusammengefasst: Ihr Mann ist die Liebe Ihres Lebens.

Vorsicht!
Warum will Ihre Freundin Ihnen dieses Gefühl ausreden? Vielleicht verfügt Sie über mehr Menschenkenntnis als Sie und hat erkannt, dass Ihr Mann ein echter Hallodri und Schuft ist. Glauben Sie ihr? Doch sicher kennen Sie Ihren Partner tausendmal besser. Sie verbringen Tage und Wochen gemeinsam, Nächte ohnehin. Ihre Freundin sieht ihn höchstens mal bei gemeinsamen Treffen. Gut, sie muss ihn ja nicht mögen. Schließlich leben Sie mit ihm zusammen, und so soll es auch bleiben. Oder ist Ihre Freundin eifersüchtig? Weil Sie einen Mann haben und sie nicht? Oder gar auf Ihren Mann selbst? Weil Sie jetzt mehr Zeit mit ihm verbringen?

Ihre beste Freundin soll eben Ihre Freundin bleiben, aber nicht seine werden. Machen Sie ihr das klar. Sagen Sie ihr ruhig, dass Sie Ihren Mann ganz anders sehen und kennen und dass Sie nicht möchten, dass ständig auf ihm herumgehackt wird. Diese schlechte Angewohnheit kann einen Keil in Ihre Ehe treiben. Langsam, kaum spürbar. Darauf können Sie doch nun wirklich verzichten. Sie wollten Ihre beste Freundin als Trauzeugin. Nicht als Scheidungsgrund!

Wenn partout keine Einsicht einkehren sollte, müssen Sie sich trennen. Natürlich von der Freundin, nicht von Ihrem Mann. Auf Dauer können Sie mit so einem Zwiespalt der Gefühle kaum leben.

Das Gegenteil der besten Freundin ist die Ex-Freundin. Ihres Mannes. Ihre liebste Feindin. Sie war Ihre Vorgängerin und hat das Gefühl, dass sie selbst zwar alles richtig gemacht hat, er aber alles falsch – besonders, weil er jetzt mit Ihnen zusammen ist.

Widerstehen Sie den Gehässigkeiten der Ex, falls Sie sich über den Weg laufen, was bei einem gemeinsamen Freundes- und Bekanntenkreis sehr wahrscheinlich ist. Falls sie nicht restlos über die Trennung hinweg ist, wird sie versuchen, Unfrieden zu säen. Wie reagieren Sie auf die scheinbar belanglose Frage, ob er immer noch bis spät in die Nacht wegbleibt, wenn er mit seinen Kumpels unterwegs ist? Ob er überhaupt mit seinen Kumpels weg ist? Also, sie könnte Ihnen da ja Sachen erzählen …

Die wollen Sie gar nicht hören. Das Leben der anderen interessiert Sie nicht. Was Sie wissen müssen, hat Ihnen Ihr Mann erzählt. Und erlebt haben Sie ihn schließlich auch und wissen, dass Sie mit seinem Charakter und seinen Eigenarten bestens klarkommen. Die Ex konnte es scheinbar nicht.

So geht's!

Falls die Ex härtere Geschütze auffährt und richtig miese Sachen herumerzählt? Dann kontern Sie ebenso brutal! Ihr Mann trinkt zu viel? Tut er nicht, musste er aber damals, um das schäbige Leben mit ihr überhaupt noch zu ertragen. Ihr Mann ist im Bett eine Niete? Aber ganz im Gegenteil, doch was sollte er damals mit einer frigiden Freundin anfangen? Nehmen Sie Ihren Mann in Schutz, er hat ihn sicher verdient. Verteidigen Sie ihn wie eine Löwin.

Subtiler sind natürlich die Einflüsterungen aus der Familie. Klar, Ihre Eltern werden zunächst nicht hundertprozentig begeistert sein, das sind sie nie, weil es immer mal Kleinigkeiten zu bemäkeln gibt. Sein Aussehen, sein Auftreten, seine Arbeit: Da wird viel mit Vorgängern und Bekannten verglichen, aber Sie lassen es gar nicht erst zu. Überhaupt haben Sie als Kind ja nur das Beste und damit den Besten verdient. Doch irgendwann wird das Gerede, werden die kleinen Spitzen aufhören. Machen Sie allen klar: Das haben Sie doch geschafft! Schaut auf diesen Mann!

Vielleicht schaut Ihr Bruder weniger richtig hin, denn er ist mit Ihrem Mann zur Schule gegangen, meint ihn genau zu kennen und behauptet nun gegenüber seiner Schwester: Der ist nicht der richtige Ehemann für dich!

Woher will Ihr Bruder das wissen? Nur weil er sein Klassenkamerad war? Nehmen Sie zunächst einmal das Positive aus der Geschichte heraus: Ihr großer Bruder denkt an Sie und macht sich Sorgen. Er will Sie auch beschützen. Wie nett. Nur sind Sie mittlerweile erwachsen und kommen ganz gut selbst mit dem Leben klar. Das ist Ihrem Bruder in der Vergangenheit vielleicht nicht so aufgefallen.

Nun, Ihre weiteren Gedanken gehen bestimmt nicht in die falsche Richtung, wenn Sie bemerken, dass das ja nun schon ein paar Jährchen her ist, das mit der Schule …

Mag sein, dass Ihr Mann in seiner Schulzeit mal komisch, dann wieder ein flottes Bürschchen war wie viele in seinem Jahrgang. Artig zu sein galt damals als Charakterschwäche. In der Pubertät gerät ohnehin einiges aus dem Ruder. Nur – das war einmal!

Fragen Sie umgekehrt doch mal Ihren Bruder, ob er immer noch genauso ist wie in der Schulzeit. Und berichten Sie ihm von Ihrem Mann, der Ihnen gesagt hat, mit seinem Schwager könne man Pferde stehlen. Das wisse er noch aus der gemeinsamen Schulzeit.

Alle Jahre wieder kommt das Christuskind und damit die gemeinsame Familienfeier zu Weihnachten. Falls Sie und Ihr Mann diese Tage mit den lieben Angehörigen auf engstem Raum verbringen, sind wirklich Nerven gefragt, damit die eigentlich harmonisch gedachte Geschichte nicht zu einem Albtraum eskaliert.

So geht's!
Zunächst einmal: Werden Sie sich rechtzeitig mit Ihrem Mann einig, wann wo gefeiert wird. Am 24. Dezember bei seinen Eltern oder doch bei Ihren? Oder gehört dieser Tag Ihnen allein, und Sie klappern erst in den beiden kommenden Tagen die Familien ab? Wie sehr lassen Sie sich von den Geschwistern aufzwingen, wann Sie bei wem sind? Dringende Fragen, die frühzeitig beantwortet werden müssen und können, schließlich erwischt einen das Weihnachtsfest im Jahr nicht allzu überraschend.

Es kann jedoch überraschend viel schiefgehen.

Tendenziell ist zunächst einmal eine erhebliche Logistik vonnöten; zumal wenn die Familienmitglieder weit auseinander wohnen. Da müssen weite Strecken bei womöglich Glatteis geplant, vielleicht außerdem Urlaub bei der Firma eingereicht werden, weil Sie und Ihr Mann es in drei Tagen partout nicht schaffen, alle zu beglücken.

Doch der Stress geht weiter. Das fängt mit den Geschenken an. Am einfachsten, das haben wohl die meisten für sich mal entdeckt, könnte die schlichte Lösung sein: Die Erwachsenen schenken sich einfach nichts, sondern nur ihre gemeinsame Teilnahme am Fest. Dafür müssen sich jedoch alle einig sein.

Leider gibt es immer wieder einige Scherzkekse und Beeindrucker, die vorm geschmückten Tannenbaum plötzlich ihre Präsente zücken und die anderen ziemlich dumm dastehen lassen. Also: Klipp und klar vorher abmachen, dass definitiv nichts geschenkt wird, weil sie sich alle nicht dem Konsumterror unterwerfen und Weihnachten wieder auf das Eigentliche, das Besinnliche, reduzieren möchten.

Wenn Sie und Ihr Mann beide so hinterlistig sind, sich ohnehin nie an Absprachen halten, das beide wissen und er auch ein Präsent aus der Hüfte ziehen kann, Glück gehabt. War der Verzicht auf Geschenke für Ihren Mann jedoch verbindlich, wird er nun vor Scham in den Boden versinken und Sie dafür hassen, dass Sie ihn vor der kompletten Familie und Ihnen gegenüber bloßgestellt haben. Das war eine nicht wiedergutzumachende Aktion von Ihnen, die ab jetzt nicht nur Ihrem Mann das Weihnachtsfest vermiesen wird.

Was übrigens für Sie und die anderen Erwachsenen gilt, zählt nicht für Kinder. Die sollten ruhig Geschenke bekommen, denn strahlende Kinderaugen gehören zum Fest wie leuchtende Kerzen. Einigen sollten Sie und Ihr Mann sich lediglich, wer was besorgt und welchen finanziellen Rahmen das Ganze nicht überschreiten sollte. Fragen Sie auf jeden Fall bei den Eltern Ihrer Nichten und Neffen nach. Es wäre für die sehr erniedrigend, wenn ihre Kinder von der Tante und vom Onkel die kostspieligeren und pfiffigeren Spielsachen auspacken.

Um ein rundherum lockeres Weihnachten genießen zu können, sollten Sie und Ihr Mann dezent anklingen lassen, was Sie sich zum Essen wünschen. Zum Fest neigen schließlich leider alle zur Völlerei. So manchem vermiest es auf Dauer schon die Tage, wenn ständig Kalorienbomben den Tisch verbiegen.

Alkohol trägt bei vielen auch nicht zum Genuss der Tage bei, ebenso wie das ständige Aufeinanderhocken in den überheizten Stuben. Vielleicht können Sie und Ihr Mann ja einen Tag das Kochen übernehmen und zaubern ein leichtes Gericht wie Fisch auf den Tisch. Oder Sie schlagen vor, dass die ganze Familie zum Essen in ein Landgasthaus fährt. Diesen Besuch sollten Sie allerdings weit vor Weihnachten vorschlagen, um rechtzeitig zu reservieren, weil es sonst nichts mehr wird mit der Umsetzung Ihrer tollen Idee.

Falls Sie's doch verpasst haben: dann eben Ostern.

Ansonsten: Frohe, weil entspannte Weihnachten!

Kurz und gut:

- Vermeiden Sie durch kluge Argumente und Planungen Streit bei unterschiedlichen Auffassungen.
- Helfen Sie ihm auf die Sprünge – wenn er dringend zum Arzt muss.
- Akzeptieren Sie die Verwandtschaft Ihres Mannes.
- Arrangieren Sie sich mit Ihrer Schwiegermutter.
- Helfen Sie Ihrem Mann bei Problemen mit Ihrem Vater.
- Organisieren Sie Weihnachten so, dass es für alle und besonders für Sie entspannt wird.

Streit und andere Abwechslungen

Konflikte und Krisenherde

Schimpf und Schande

So nicht!
Er zündet sich genüsslich eine Zigarette an, und plötzlich keift es neben ihm: »Kannst du diese blöden Dinger mal eine Stunde aus der Hand legen? So krepierst du bald an Krebs!«
Er bestellt sich beim Wirt schnell noch ein Bierchen, da kreischt es neben ihm: »Meinst du nicht, dass du längst genug hast? Du wirst noch als Alkoholiker enden!«
Er bestellt noch einen Klacks Mayonnaise für die Pommes neben der Currywurst, es zetert neben ihm: »Du bist schon dick genug. Willst du jetzt noch an Herzverfettung sterben?«

Furchtbar nett, wie Sie sich um Ihren Mann Sorgen machen. Furchtbar, in der Tat. Nett nicht.

Stellen Sie Ihren Mann niemals vor anderen bloß! Damit zeigen Sie ihm, dass Sie ihm nicht zutrauen, dass er weiß, was richtig für ihn ist. Und Sie geben ihm und anderen das Gefühl, dass Sie sich für ihn schämen.

Der beste Rat: Lassen Sie Ihren Mann in Ruhe. Er wird schon wissen, was er tut, denn er ist alt genug. Wenn er auf etwas Lust hat, das nicht gerade Ihre Ehre besudelt, sollten Sie ihm das gönnen. Wo soll es hinführen, wenn Sie bereits solche Banalitäten untersagen!

Haben Sie ihn geheiratet, weil Sie in ihm einen Kindskopf gesehen haben? Nein, haben Sie nicht.

Sie haben ihn auch nicht zum Ehemann genommen, um ihn ständig zu bemuttern. Sie haben auch niemanden benötigt, den Sie bervormunden können. Wenn Sie ein Kind haben möchten, sollten Sie darüber mit Ihrem Mann sprechen, ihn aber nicht wie eines behandeln!

Politik, Kirche, Drogen

Sie und Ihr Mann waren sich hoffentlich vor der Hochzeit einig oder zumindest wissen Sie Bescheid und sind einverstanden: Was Sie beide wählen würden, wie Sie beide zu Gott stehen – und auch sonst so ein paar nicht unerhebliche Dinge. Falls Sie erst nach der Trauung im Partner einen Menschen mit recht abweichenden Prinzipien erkennen, herrje.

Sicher: Im Großen und Ganzen kennen Sie sich. Nun offenbart sich aber eben nicht jeder Mensch restlos schon vor der Ehe. Über bestimmte Themen kann sich jeder nicht nur den Kopf zerreden, sondern um Kopf und Kragen reden, und darüber kann auch eine Beziehung zerbrechen.

Natürlich mögen Sie und Ihr Mann sehr tolerant sein und akzeptieren die Meinung des anderen, denn wir leben ja in einer Demokratie. Doch wenn es ständig bei jeder »Tagesschau« oder jedem »heute-journal« in politischen Fragen zu lautstarken Diskussionen zwischen Ihnen kommt, kann dies doch auf Dauer zermürbend werden. Einigen Sie sich also auf einen Grundkonsens. Oder Sie haben diesen kleinsten gemeinsamen Nenner einigermaßen von Anfang an, denn sonst droht das schnelle Aus.

Sie müssen nicht immer der gleichen Meinung wie Ihr Mann sein oder sogar dieselbe Partei wählen. Es ist aber auf Dauer vielleicht nicht mehr komisch, sondern anstrengend, wenn er Wahlplakate für die Konservativen klebt und Sie auf Veranstaltungen für den Sozialismus plädieren. Wie halten Sie es mit der Ökologie, Kernkraft, Windrädern? Oder Bio und Gentechnik?

Mit konträren Gesprächen wird es nie langweilig, solange bei beiden Argumente und ein Basiswissen existieren und Sie nicht aufeinander losgehen wie einst die Kesselflicker.

Ähnliches gilt für die Kirche. Gottesgläubig gegen Atheist funktioniert auf Dauer nicht. Sie geht jeden Sonntag in den Gottesdienst, er frühstückt lange oder umgekehrt – viel Vergnügen. Der letzte schöne Tag des Wochenendes beginnt dann schon mit Stress. Und richtig kompliziert wird es noch, wenn einer fastet und der andere nicht. Haben Sie vorab eigentlich geklärt, was mit Ihrem ersten Kind passiert? Wird es getauft oder nicht?

Am besten beantwortet man solche Fragen möglichst früh – und zwar nicht mit dem bizarren Totschlag-Argument: »Was sollen denn die Nachbarn denken?« Ist es nicht egal, was die denken? Sie mischen sich ja auch nicht in die Beziehung der Leute neben oder über Ihrer Wohnung.

Noch ein Reizthema: Irgendwer von Ihnen hat früher vielleicht gekifft, Ecstasy geschluckt, LSD genommen, möglicherweise Kokain geschnupft. Es war halt die übliche Ausprobierzeit. Gut, wenn Sie beide rechtzeitig wissen, dass diese Phase längst vorbei ist. Sie sind schließlich mittlerweile erwachsen!

Anders sieht es bei Zigaretten aus. Da wussten Sie, dass er raucht, und er hat Ihnen nie versprochen, damit aufzuhören. Vielleicht gelingt es Ihnen mit sanfter Überredungskunst, weil es auf Dauer gesünder, billiger, also insgesamt vernünftiger ist.

Ein kleiner, aber sehr gesunder Tipp: Entwöhnungswilligen Rauchern kann angeblich schon ein kurzer Spaziergang helfen, dem Verlangen nach Zigaretten zu widerstehen: Bereits eine fünfminütige leichte körperliche Betätigung reduziert typische Entzugserscheinungen wie Stress, Beklemmung und Konzentrationsschwierigkeiten. In allen bisherigen Untersuchungen verspürten Raucher nach dem Sport ein geringeres Verlangen nach dem Glimmstängel: Sie hielten es bis zu viermal länger ohne Zigarette aus als Vergleichsgruppen, die keinen Sport betrieben hatten. Die Entzugserscheinungen ließen nach, sobald die Probanden mit dem Sport begannen, und blieben bis zu einer knappen Stunde nach dem Training auf niedrigem Niveau.

Na, ist das eine Nachricht? Ein Nikotinpflaster scheint also gar nicht nötig zu sein. Und kaputtmachen muss sich Ihr Mann zum Abgewöhnen von Zigaretten scheinbar auch nicht.

Denn die Intensität der körperlichen Betätigung hatte laut Studien keinen Einfluss auf die positiven Effekte. Deshalb raten Experten entwöhnungswilligen Rauchern zu regelmäßigen Spaziergängen oder leichtem Fitnesstraining. Auf diese Weise beugen sie nicht nur einer Gewichtszunahme vor, sondern auch dem Verlangen und den Entzugserscheinungen, die oft zu einem Rückfall führen.

Warum genau sportliche Betätigung bei der Tabakentwöhnung hilft, wissen die Forscher nicht mit letzter Sicherheit. Sie vermuten jedoch, dass sich Sport als Ersatz für Tabak eignet, weil beides auf den Körper eine zugleich anregende und stressabbauende Wirkung hat. Falls Sie die Raucherin sind, gilt natürlich dasselbe.

Schleichender Prozess

Sie müssen nicht unbedingt voller Hass gemeinsam am Kronleuchter hängen wie Kathleen Turner und Michael Douglas in der bitterbösen Komödie »Rosenkrieg«, um zu begreifen, wenn mit Ihrer Ehe etwas nicht stimmt.

Kurz: Ihre Ehe ist am Ende, wenn Sie nicht rechtzeitig reagieren!

So geht's!

Damit Sie nicht in einen schleichenden Prozess von Unzufriedenheit hin zur Entfremdung geraten, hier eine Checkliste mit Punkten, auf die Sie in Ihrer Ehe achten sollten:

- Viele Partner konzentrieren sich immer mehr auf die negativen Aspekte ihrer Beziehung und übersehen die positiven.
- Konflikthäufigkeit. Aus ihrer zunehmenden Frustration und Verärgerung greifen sie immer häufiger den Partner persönlich an.
- Konfliktvermeidung. Hier ziehen sich die Ehepartner langsam voneinander zurück, leben nebeneinander her, empfinden immer weniger füreinander und erleben einander als distanziert. Oft konzentrieren sie sich auf ihren Beruf.

- Außereheliches Verhältnis.
- Krisen wie Arbeitslosigkeit, die Geburt eines behinderten Kindes, die Aufnahme eines pflegebedürftigen Elternteils, das Auftreten einer chronischen Krankheit, Eintritt in den Ruhestand.
- Unerfüllbar hohe Erwartungen an die Ehe und den Partner. Was soll er alles sein: Liebhaber, bester Freund, Gesprächspartner, Beschützer und Ähnliches?
- Realistische Rollenerwartungen werden nicht erfüllt: mangelnde Hilfe bei der Hausarbeit, nicht besetzte Elternrolle, Versagen als Gesprächs-, Freizeit- oder Sexualpartner.
- Finanzielle oder berufsbezogene Probleme.
- Wenig Zeit füreinander.

Fühlt sich einer von Ihnen in seinem Streben nach Glück, Erfüllung und Befriedigung gehemmt, ist die Versuchung groß, die Ehe zu beenden. Der Prozess der Entfremdung verläuft stetig, vollzieht sich in mehreren Stufen.

Vorsicht!

Plötzlich nervt, was Ihnen früher an ihm gefallen hat. Seine Gelassenheit interpretieren Sie nun als Faulheit, seine kleinen Macken sind plötzlich Verschrobenheiten des Alters. Eigentlich stört Sie fast alles an ihm, weil Sie tief im Inneren das Gefühl haben, allein sein zu müssen.

Ihre Interessen haben sich auseinanderentwickelt. Eigentlich haben Sie keine gemeinsame Basis gefunden, jeder hat für sich allein gelebt. Im Job, in der Freizeit. Gesehen haben Sie sich morgens und nachts. Das Bedürfnis, sich mit dem anderen auszutauschen, blieb dabei auf der Strecke.

Hilfe! Wie kann man vergessen, dass man mit der Liebe seines Lebens zusammen ist? Ein Mensch kann sich doch nicht im Lauf der Jahre komplett verändern. Etwas von dem, das man an ihm geliebt habt, ist immer noch vorhanden. Etwas? Vielleicht sogar sehr viel. Man muss es nur immer wieder neu entdecken.

Richtig streiten

Manche haben resigniert und schweigen nur noch. Andere verheddern sich in stundenlangen und dabei unsinnigen Diskussionen und reden dabei hoffnungslos aneinander vorbei. Bei wieder anderen fliegen die Fetzen, es hagelt Vorwürfe und Verletzungen.

So geht's!
Ein paar Dinge sollten Sie sich zu Herzen nehmen.

- Selbst in einer guten Ehe gibt es Streit.
- Häufigkeit und Heftigkeit sagen gar nichts über die Qualität einer Beziehung aus.
- Interessant ist vielmehr das, was im Anschluss an einen Streit passiert.

Die Meinungsverschiedenheit zeigt ja nur, dass hier zwei unterschiedliche Persönlichkeiten mit ihren eigenen Lebensgeschichten, Gefühlen, Erfahrungen und Ansichten aufeinandertreffen und in einem Punkt vorerst einmal keine Übereinstimmung, keine gemeinsame Meinung erzielen. Nicht die unbedingte Vermeidung von Streit ist also sinnvoll, sondern der richtige Umgang damit. Führen Sie die Auseinandersetzung auf gleicher Augenhöhe und respektieren Sie die

Meinung Ihres Mannes, so wie er es umgekehrt auch tun muss.

Wenn Sie Anzeichen bemerken, dass irgendetwas in Ihrer Ehe beginnt, den Bach herunterzulaufen, müssen Sie mit Ihrem Mann darüber sprechen, auch wenn der sich sträubt. Warten Sie bloß nicht ab! Und bedenken Sie: Beide sind gemeinsam für die Zufriedenheit in Ihrer Ehe verantwortlich.

Ein paar Benimmregeln für ein gutes Gespräch, eine Diskussion oder einen Streit:

- Wählen Sie einen günstigen Zeitpunkt, damit Sie ohne Hektik reden können. Zwischen Tür und Angel hat es keinen Zweck, auch nicht direkt nach dem Aufstehen oder dem Nachhausekommen. Vielleicht treffen Sie sich in einem Restaurant. In neutraler, entspannter Atmosphäre, dort können Sie auch nicht allzu laut werden.
- Sprechen Sie ganz einfach darüber, was Ihnen am Herzen liegt, was Sie beunruhigt. Schildern Sie aber nur Ihre eigenen Gefühle, bleiben Sie konkret und führen Sie am besten auch ein paar Beispiele an.
- Niemals dürfen Sie ihn sofort mit Vorwürfen konfrontieren, ihn beschuldigen oder sogar beleidigen.

Freunde sind diesmal tabu

Wenn Sie mit Ihrer Ehe in einer Krise stecken, suchen Sie Rückhalt, das ist normal. Dafür bieten sich automatisch die Freunde an. Ganz falsch. Lassen Sie's!

Ob Sie es wollen oder nicht: Freunde sind mit dieser Situation oft überfordert. Einmal können sie nicht objektiv zu

Ihnen sein. Im Zweifelsfall sind sie höchstens loyal Ihnen gegenüber, selbst wenn sie erkennen, dass Sie einen Fehler gemacht haben. Dann haben Sie plötzlich falsche Freunde, die Sie unterstützen, wo Ihnen eigentlich die Leviten gelesen werden müssten.

Bedenken Sie, dass auch Ihr Mann Freunde hat. Sehr wahrscheinlich gibt es in dem Kreis eine Schnittmenge, und schnell stehen sich zwei unversöhnliche Lager gegenüber. Möchten Sie das riskieren?

Nein, Freunde, so gern Sie jetzt auch ihre Unterstützung und Wärme benötigen, sind als Konfliktlöser, ja, selbst als Zuhörer, völlig deplatziert. Sie werden sie damit auch überfordern.

Vorsicht!
Ging es Ihnen nicht schon mal ähnlich, als sich ständig eine Freundin bei Ihnen ausweinte? Irgendwann hatten Sie die Nase voll von ihrer Heulerei mit immer denselben Problemen und Anschuldigungen gegen ihren Partner. Am Ende waren die beiden dann wieder zusammen, bis Ihre Freundin kurze Zeit später erneut verheult bei Ihnen auftauchte. Und Sie? Sie waren nur noch genervt und dachten an die verschwendeten Stunden des Abends, die jetzt wieder draufgehen würden. Täglich grüßt das Murmeltier, immer dasselbe Spiel.
Am Ende waren Sie dann so weit, dass Sie Ihre Freundin verleugneten, sie abwimmelten, Termine vorschoben. Die Freundschaft war jedenfalls – wenn nicht beendet – gewaltig angeknackst.

Lassen Sie es also gar nicht dazu kommen. Für die Probleme, die Sie und Ihr Mann haben, gibt es genug professionelle Helfer, falls Sie sich nicht allein zusammenraufen können. Ob nun Psychologe, Partnerberatung oder Kirche: Sie müssen nur entscheiden, wem Sie sich anvertrauen.

Es ist auch durchaus sinnvoll, gemeinsam eine Partnertherapie zu machen. Der Anfang wird zwar schwer sein, wenn Sie und Ihr Mann nicht einmal allein Probleme ansprechen oder lösen konnten, doch mit der Zeit werden Sie merken, dass Sie lockerer werden.

Außerdem: Die Rettung der Liebe Ihres Lebens sollte Ihnen schließlich jedes Opfer wert sein.

Krisenauslöser: zu zweit allein

Sie haben geheiratet, weil Sie und Ihr Mann ein Leben lang zusammenbleiben wollten. Allerdings nicht allein: Sie wollten ja eigentlich als richtige Familie durchs Leben gehen. Aber ein Kind ist immer noch nicht da. Das zermürbt Sie zusehends.

Es betrifft rund zwei Millionen Paare. Jede sechste bis siebte Ehe in Deutschland bleibt somit kinderlos. Nun haben Sie und Ihr Mann auf natürlichem Wege alles versucht. Sex an Ihren fruchtbaren Tagen, in Stellungen, die besonders versprachen, dass Sie danach schwanger werden. Der Druck auf Sie und Ihren Mann wächst stetig – und jedes Mal ist die Enttäuschung darum riesengroß, wenn Sie wieder Ihre Periode bekommen.

Unterschwellig machen Sie sich mittlerweile gegenseitig Vorwürfe, dass jeweils der andere für den Misserfolg bei den Fortpflanzungsversuchen verantwortlich ist. Das sollten Sie schnell abklären, mit einer Untersuchung beim Arzt. Ergibt die, dass Sie beide fortpflanzungsfähig sind, dauert das Problem an.

An den Gründen dafür, warum manche Paare keine Kinder bekommen können, wird intensiv geforscht. Alle Ursachen sind immer noch nicht entdeckt, die Natur des Menschen birgt weiterhin ihre Geheimnisse.

In den meisten Fällen reicht eine Behandlung mit Medikamenten bei kinderlosen Paaren aus. Bisweilen sind jedoch auch intensivere Behandlungen wie die In-vitro-Fertilisation oder operative Behandlungen erforderlich, um die Erfolgsaussichten zu erhöhen. Dreimal trägt die Krankenkasse die Hälfte der Kosten, Ihr Eigenanteil liegt bei bis zu 400 Euro.

Die Behandlungen sind nicht bei jedem Paar erfolgreich, aber sie bieten eine große Chance, dass sich der Kinderwunsch erfüllt.

Gänzlich anders sieht es natürlich aus, wenn Sie oder Ihr Mann unfruchtbar sind. Was dann?

Schwere Entscheidungen stehen an, die Ihre Ehe in eine große Krise stürzen können. Wenn Sie sich zum Beispiel künstlich mit fremdem Sperma befruchten lassen wollen. Nicht jeder Mann dürfte von der Idee begeistert sein, sosehr sein Kinderwunsch auch ausgeprägt sein mag. Auch wenn er es leugnet: Unterschwellig wird bei ihm immer das Gefühl vorhanden sein, dass das Kind nicht von ihm ist, auch wenn er es nach der Geburt als seines akzeptiert und unendlich liebt.

Ist der Kinderwunsch aber bei Ihnen oder Ihrem Mann dermaßen groß, dass Sie unbedingt eines haben wollen, dann ist die einzige Alternative, ein Kind zu adoptieren. Nun sind Sie leider nicht Madonna oder Angelina Jolie, bei denen es relativ fix ging. Nur treffen Sie und Ihr Mann diese Entscheidung ja nicht innerhalb eines Tages.

Rechnen Sie nach der ersten Kontaktaufnahme mit der Vermittlungsagentur und den Ämtern mit zwei Jahren Dauer, bis Sie ein Kind adoptieren können.

Ihre Ehe sollte diese Frist aushalten können, sonst sollten Sie von dieser sehr ernsten Geschichte lieber gleich die Finger lassen.

Es ist zwar nicht unter Ihrem Herzen gewachsen, aber es sollte seinen Weg zu Ihrem Herzen finden.

Erweitern Sie den Horizont

Auch ohne Kinder kann man ein durchaus abwechslungsreiches Leben führen: Erde und Mond machen es vor – sie sind ständig in Bewegung, aber seit Ewigkeiten zusammen.

New York, Rio, Tokio

Statt den Sommer im Garten zu verbringen, zwei Wochen im Ferienhaus in Dänemark abzuhängen und die kälteren Jahreszeiten vorm Fernseher abzusitzen, bis einem nicht nur vom gebotenen Schwachsinn, sondern endlich auch vor Müdigkeit die Augen zufallen: Entdecken Sie die Welt! Runter vom Sofa!

Vielleicht sind Sie im Leben nie weiter als bis ins benachbarte Ausland gekommen. Andere Kontinente kennen Sie und Ihr Mann nur aus dem TV oder aus Büchern? Wird es da nicht mal Zeit, gemeinsam die Welt zu entdecken?

Sie und Ihr Mann gehören noch zu einer der glücklichen Generationen, in der das Flugzeug erfunden und noch benutzbar ist. Also warum nutzen Sie es nicht? Für das Jahr 2006 hat das Statistische Bundesamt ermittelt, dass in jedem gestarteten

Flugzeug in Deutschland 84 Passagiere saßen, die höchste Anzahl seit Beginn der Aufzeichnungen 1951. Im Jahr 1990 befanden sich im Schnitt 69 Fluggäste an Bord.

Vielleicht haben Sie noch nicht so wie andere bemerkt, dass die Welt kleiner ist, als Sie denken. Wie sollen Sie es auch wissen, dass so ein Flug in die USA nur sechs bis sieben Stunden dauert, je nach Richtung? Probieren Sie es mal aus.

Sie oder Ihr Mann haben Flugangst?

Sie können natürlich auch das Schiff nehmen. Unbezahlbar? Nein, ist es nicht. Doch Sie und Ihr Mann können sicher sein, dass Sie auf so einem Atlantik-Liner eines der wunderschönsten Reiseerlebnisse überhaupt sammeln können.

Auf jeden Fall: Machen Sie etwas in Ihrem Leben. Denn kaum etwas tötet die Liebe mehr als die Langeweile. Ständig der gleiche Tagesablauf, die Arbeit, Höhepunkt sind die verschiedenen Mahlzeiten am Tag und der Griff zur Programmzeitschrift.

Damit werden Sie kaum glücklich und Ihr Mann schon gar nicht. Also schauen Sie sich vielleicht mal um, wie andere Menschen leben. Ihre Impressionen werden unterschiedlich sein wie die gefühlten Höhepunkte der Reise. Endlich haben Sie mal wieder etwas anderes zu besprechen als die Zusammensetzung des Abendbrots.

Apropos sprechen. Bei der Gelegenheit können Sie und Ihr Mann auch gleich wieder Ihre Fremdsprachen-Kenntnisse auffrischen, längst vergessene Vokabeln hervorkramen. Oder gleich eine neue Sprache lernen, die Sie schon immer beherrschen wollten: Italienisch, Spanisch zum Beispiel.

Wenn Sie erst einmal den einen Schritt gewagt haben, liegt Ihnen die Welt zu Füßen.

Früher, in der Schule, war der Kunstunterricht Ihre liebste Stunde? Endlich konnten Sie mal so richtig kreativ sein, und Angst vor einer miesen Note mussten Sie auch nicht haben? Und heute interessiert Sie Kunst so gar nicht mehr? Komisch!

Einmal könnten Sie und Ihr Mann ruhig mal nachschauen, was Sie da alles mit Ihren Steuern subventionieren. Sie werden schnell feststellen: Es ist mitnichten rausgeschmissenes Geld. Im Gegenteil.

Vergleichen Sie Theater und Oper live auf der Bühne und im Fernsehen. Sie und Ihr Mann werden überrascht sein, wie unterschiedlich die Wahrnehmung sein kann, was es für ein Genuss ist, Schauspieler und Sänger direkt vor sich zu sehen und die gänzlich andere Akustik zu empfinden.

Das mögen Sie und Ihr Mann nicht glauben, weil doch Ihre Dolby-Surround-Anlage daheim die Wände zum Wackeln bringt? Mag sein, aber nicht unbedingt die Emotionen. Außerdem ist es eine besondere Sache, dieses Erlebnis in einem großen Saal mit anderen zu teilen. Kino ist ja auch anders als Fernsehen, oder?

Hier haben Sie die Stars fast zum Anfassen und nicht zum Gucken in der Zeitung. Sie können zu Recht sagen, Sie waren dabei. Und wenn es Ihnen nicht gefallen mag, lassen Sie es einfach bleiben. Doch versucht haben sollten Sie es in Ihrem Leben schon.

Die Oper erlebt übrigens in den vergangenen Jahren eine unglaubliche Renaissance, weil hier anders als in Soap Operas alles echt ist. Gespielte Kunst. Versuchen Sie mal, auf die Schnelle Karten zu ergattern. Das ist ganz schön schwer.

Außerdem sollten Sie das Prozedere um Oper oder Theater

herum doch eigentlich mögen: Sie können sich chic machen, und auch Ihr Mann zwängt sich mal wieder in den dunklen Anzug. Machen Sie doch ein kleines Gegengeschäft: Sie spendieren die Karten und er den Cocktail davor. Und natürlich das Essen danach. Erlebnis pur für einen Abend mit Eindrücken, die Sie noch wesentlich länger beschäftigen werden. Und beim nächsten Besuch ist dann wieder alles anders und erscheint Ihnen neu, nicht nur das Stück, das gespielt wird.

Vielleicht kommt bei Ihnen sogar der Wunsch auf, noch ein Instrument zu lernen, um gemeinsam zu musizieren.

Als Kind hatten Ihre Eltern und die Ihres Mannes kein Geld für das Klavier oder den Geigenunterricht? Die Maultrommel haben Sie gehasst, und mit der Blockflöte mussten Sie immer in den Heizungskeller zum Üben, weil Ihre Familie genervt war? Jetzt haben Sie und Ihr Mann aber wieder richtig Lust auf ein Instrument. Probieren Sie es aus.

Unmöglich, sagen Sie? Jetzt noch? Irrtum! Das können Sie noch bis ins hohe Alter. Und es ist sogar hervorragend für Sie. Ganz so lange müssen Sie und Ihr Mann natürlich nicht warten, bis Sie die Musik, die bisher nur aus der Stereoanlage kam, für sich neu entdecken.

Nun kann es natürlich passieren, dass Sie so unmusikalisch sind wie ein Toastbrot und so gar nichts mit Noten am Hut haben. Vielleicht wären Gänge durch die Museen Ihre Welt. Sie können mit Ihrem Gatten ja erst mal schnuppern: Eine Kunsthalle mit einigen faszinierenden Werken besitzt heute jede mittlere Stadt.

Aber vielleicht wollen Sie oder Ihr Mann ja mal im Original anschauen, was Sie immer wieder in Filmen oder auf Bildern sehen. Reizt es Sie nicht, dass Ihnen die Mona Lisa aus ein paar Metern Entfernung zulächelt? Eben. Also fahren Sie mal hin. Sie hängt übrigens im Louvre in Paris.

Oder besuchen Sie halt Vernissagen. Sie könnten sich ja selbst ein bisschen Kunst zulegen. Junge Maler sind nicht so teuer und wer weiß – vielleicht wird aus Ihrem günstig erworbenen Bild später mal ein Kunstwerk, um das sich die Museen weltweit reißen.

Außerdem: Sie und Ihr Mann hatten doch nicht vor, dass der einzige Wandschmuck, den Sie besitzen, immer das Che-Guevara-Poster aus Studententagen bleiben sollte, oder?

Wenn es die Kunst partout nicht sein soll: Es gibt auch Luftfahrt-Museen oder welche für Autos. Da dürfte aber auf jeden Fall Ihr Mann glänzende Augen bekommen.

Möbeln Sie den Keller auf

Was befindet sich eigentlich unter Ihnen in Ihrem Haus oder Ihrer Wohnung? Genau: ein Keller. Und was machen Sie mit dem? Wahrscheinlich stapelt sich darin das Gerümpel, Sachen, von denen Sie meinten, Sie würden sie nochmal benötigen oder jemand anders oder später vielleicht die Kinder. Pustekuchen. Müll bleibt Müll, den niemand mehr haben möchte, so wenig Sie dafür auch Verständnis aufbringen können.

Also rufen Sie die Experten vom Sperrmüll an und schaffen endlich Platz, vertreiben Sie den Staub, schaffen Sie Platz für was Neues.

So ein Keller eignet sich nämlich hervorragend für Hobbys und Spielereien. Fragen Sie mal Ihren Mann, was er von einem Weinkeller hält. Sie werden erstaunt sein: viel!

Vorbei ist längst die Zeit, da er sich die Rotweinflaschen mit Schraubverschluss aus dem untersten Supermarktregal nehmen musste. Im Laufe der Jahre entwickelt sich der Geschmack, die Ansprüche steigen ebenso wie die Preise – und Ihr Mann wird möglicherweise wieder zu einem Jäger und

Sammler, der sich Weine leistet, die aber noch eingelagert werden müssen, bevor sie ihr Potenzial voll entfalten und anschließend hervorragend schmecken.

Gut, sagen Sie, kaufen wir ein hübsches Regal, in der Küchenecke ist ja noch Platz. Bitte nicht! Licht und ständige Temperaturwechsel sind der Tod für die Weine, wenn sie länger gelagert werden müssen. Das funktioniert beim Weißen für ein paar Wochen, auch beim Roten, wenn er dann getrunken wird, aber nicht über einen längeren Zeitraum bei richtig guten Weinen.

Also lassen Sie ihn machen und ein Regal im Keller bauen oder aufstellen. Um es anschließend mit Flaschen aufzufüllen, die er mit Leidenschaft und Energie besorgt hat. Ihr Mann wird glücklich sein.

Und befindet sich in bester Gesellschaft. 1829 fand sich im Haushaltsbuch von Johann Wolfgang von Goethe unter dem Stichwort »Weinerwerb« eine Summe, die 20 Prozent der Gesamtausgaben ausmachte. Was sagte doch der Dichter: »Für Sorgen sorgt das liebe Leben. Und Sorgenbrecher sind die Reben.«

Sehen Sie es von einer weiteren positiven Seite. Was er da so treibt, ist durchaus gesund und hilft, dass Sie noch möglichst lange etwas von ihm haben. Und er von Ihnen!

Sie wollen wissen, welche Inhaltsstoffe den Wein so gesund und wertvoll machen, um mit Ihren Kenntnissen Ihren Mann zu verblüffen? Bitte sehr: Die Deutsche Landwirtschafts-Gesellschaft (DLG) hat es untersucht.

Es sind die Polyphenole. Das sind so genannte sekundäre Pflanzenstoffe, die sich in Obst und Gemüse sowie deren Säften finden, insbesondere in Schalen, Stielen und Kernen, wie etwa der Weintraube. Mittlerweile konnten rund 4000 verschiedene Polyphenol-Arten nachgewiesen werden. Ernährungsphysiologisch am besten erforscht sind Quercetin, Catechin, Epicatechin und Resveratrol.

Allen gemeinsam ist, dass sie vor Krebs schützen und die Verklumpung von Blutplättchen verhindern, die zur Arterienverkalkung und im schlimmsten Fall zum Herzinfarkt führen kann.

Schafft das nicht auch Traubensaft? Nein. Da bei der Saftherstellung die Traubenschale und die -kerne entfernt werden, enthält Traubensaft nur sehr wenige Polyphenole.

Sie werden es kaum glauben: Wein macht auch schlau. Eine Langzeitstudie des Londoner University College mit 10000 britischen Beamten aus einer Bildungsschicht ergab, dass bei einem Intelligenztest diejenigen die besten Ergebnisse erzielten, die pro Tag eine halbe Flasche Wein tranken. Die Forscher erklären sich dieses Phänomen damit, dass der Wein den Blutfluss im Gehirn erhöht, woraus letztendlich die bessere Denkfähigkeit resultieren könnte.

So weit die wissenschaftliche Seite zum Wein. Die menschliche: Er schmeckt verdammt gut und ist der ideale Begleiter zum Essen oder gemütlich zum Buch.

Nun müssen sich in Zukunft in Ihrem Keller nicht nur die Weinflaschen stapeln. Auch nicht nur die Vorräte. Sicher bleibt dort auch Platz für einen Fitnessraum. Warum viel Geld für ein Studio ausgeben, wenn Sie daheim auch ein Fitnessgerät hineinstellen können? So müssen Sie und Ihr Mann auch nicht ständig den inneren Schweinehund überwinden und losfahren, um ein gutes Gewissen zu kriegen und ein bisschen Kondition zu erhalten.

Gehen Sie in den Keller und trainieren Sie da munter auf Ihren eigenen Geräten. Da werden Sie auch nicht krumm angeschaut, wenn Sie und Ihr Mann eben nicht solche austrainierten Muskelprotze sind. Das müssen Sie für Ihr Wohlbefinden auch gar nicht sein. Hauptsache, es geht Ihnen gut.

Dazu kann auch eine Sauna beitragen. Gut, die Hitze und das abrupte Abkühlen sind nicht jedermanns Sache. Doch wer es liebt, der wird den unbeobachteten und intimen Genuss daheim sicher zu schätzen wissen.

So etwas kostet weniger, als Sie vielleicht annehmen, ab 1500 Euro. Das sollte es Ihnen wert sein: keine volle Kabine mehr, keine abschätzenden Blicke, die Dusche gehört Ihnen und der Liegestuhl danach auch. Vor Fußpilz müssen Sie sich auch nicht sorgen.

Fix aufgebaut, dann rein ins Vergnügen. Drei Saunagänge zu je zehn bis zwanzig Minuten, kalt abduschen, danach ausruhen und entspannt wegdämmern – herrlich. Wenn Sie Glück haben, springt für Sie sogar noch eine Massage heraus. Kaufen Sie ein Öl, was Ihnen besonders gefällt, und drücken Sie es Ihrem Mann in die Hand: Er wird Ihnen mit Freude eine Ganzkörpermassage verpassen. Danach werden Sie denken, warum ist er eigentlich nicht Masseur geworden!

Und nach dem Workout oder der Sauna gönnen Sie sich erst eine Apfelschorle und später nach dem Duschen ein Glas Wein. Oder zwei.

Neue Mitbewohner

Möchten Sie Ihre Wohnung nicht mehr nur mit Ihrem Mann teilen? Sondern womöglich mit pelzigen, gefiederten oder schuppigen neuen Freunden? Aber wie ist das überhaupt: Wer mag Hunde oder Katzen lieber? Stehen Männer wirklich auf Aquarien und Frauen auf Pferde?

Warum brauchen Sie ein Tier? Klar, als Kind hatten Sie immer schon Lust auf so einen Vierbeiner. Als Mädchen wahrscheinlich besonders auf ein Pferd.

Vielleicht einigen Sie sich besser auf einen Hausfreund eine Nummer kleiner. Ein Hund, angeblich der beste Freund des Menschen. Machen Sie sich aber bitte klar, dass die Euphorie über Ihren struppigen Freund nicht immer anhält. Am Anfang, da reißen Sie und Ihr Mann sich um die Spaziergänge. Ist das später auch bei Regenwetter so? Wer steht dann eher auf und verzichtet auf ein paar ruhige Frühstücksminuten vor dem Weg zur Arbeit? Wohin mit dem Hund im Urlaub? Oder wenn Sie mal ins Restaurant möchten ganz kurzfristig? Erlaubt es überhaupt Ihr Vermieter? Fragen, über die Sie sich dringend Gedanken machen sollten und vielleicht sogar einen Vertrag schließen. Spaßeshalber zwar, dennoch mit einer gewissen Verbindlichkeit. Denn Zusagen und Versprechen sind später schnell mal vergessen.

Und kommen Sie bloß nicht auf die Idee, so einen Hund zu vermenschlichen und gar Sachen anzuziehen. Nicht mal im Karneval.

Seien Sie sich bewusst, dass ein Hund Sie und Ihren Mann nicht bei allen Mitmenschen beliebt macht. Die einen stört bestimmt die Kläfferei, auch wenn Ihr »Zorro« bestimmt der liebste Hund der Welt ist. Auf jeden Fall endet der Spaß, wenn der Kot Ihres Lieblings liegen bleibt.

Katzen sind in der Haltung etwas geschmeidiger. Sonst gilt Ähnliches wie beim Hund: Urlaub, Vermieter, funktioniert das alles?

Also ein Aquarium? Ein bisschen aufwändig in der Unterhaltung, und es wirkt bei manchen Zeitgenossen auch spießig. Aber wenn Sie es mögen. Wahrscheinlich wird eher Ihr Mann Sie zu der Anschaffung überredet haben. Seien Sie gespannt, welche Fische sich anschließend darin tummeln: ein paar nette

Goldfische und Guppys oder doch Kampffische, die vielleicht für Abwechslung der anderen Art sorgen. Das Getümmel kann natürlich schon mal den Thriller im TV ersetzen …

Null Toleranz ist bei Sonderwünschen angesagt. Wenn Sie oder Ihr Mann eine Phobie gegen Schlangen oder Spinnen oder tendenziell gegen beides haben, gehört so ein Vieh auch nicht ins Haus. Basta, keine Diskussion. Das ist dann nämlich Menschenquälerei.

Dasselbe gilt natürlich auch für Pferde, Hunde, Katzen. Kann sich Ihr Mann mit dieser Art von Vierbeinern nicht anfreunden, ist es tabu für Sie. Oder ihn im umgekehrten Fall. Sie müssen auch nicht die Fische tolerieren, wenn Sie nicht möchten. Tiere kommen nur ins Haus, wenn Sie sich beide einig sind.

Kurz und gut:

- Ehekrisen entstehen schleichend – lassen Sie es gar nicht dazu kommen!
- Lernen Sie eine richtige Streitkultur.
- Lassen Sie Ihre Freunde in der Krise außen vor!
- Müssen es unbedingt Kinder sein?
- Reisen Sie um die Welt, um neue Eindrücke für sich und Ihre Ehe zu erhalten!
- Lernen Sie gemeinsam Sprachen.
- Entdecken Sie persönlich die Kunst, für die Sie und Ihr Mann bisher nur Steuern gezahlt haben.
- Legen Sie einen Weinkeller an, bauen Sie eine Sauna und einen Fitnessraum.
- Besprechen Sie gemeinsam die Anschaffung von Haustieren.

Extras

Der Test: Sind Sie eine gute Ehefrau?

1. *Ihr Mann kommt mitten in der Nacht betrunken nach Hause. Was sagen Sie zu seinem Auftritt?*
   A. »Lass mal, Schatz, ich wisch das schon weg.«
   B. »Sieh zu, wie du heil ins Bett kommst!«
   C. »Nein, Herr Wachtmeister, diesen Typ habe ich hier noch nie gesehen!«

2. *Sie rufen in der Firma Ihres Mannes an und erfahren, dass er sich schon gestern krank gemeldet hat. Was denken Sie?*
   A. »Ach, der Ärmste. Warum sagt er denn nichts?«
   B. »Oh, da gibt es irgendwie ein Problem, über das wir mal reden sollten.«
   C. »Wenn sich der Kerl nach Hause traut, dann wird er mal richtig krank sein.«

3. *Sie beide liegen im Bett. Ihr Mann will Sex, Sie partout nicht. Wie reagieren Sie?*
   A. »Ganz wie du magst, mein Schatz.«
   B. »Ich fühle mich heute so schlapp, hoffentlich ist es nichts Ernstes ...«
   C. »Wenn du mich auch nur anfasst, kannst du was erleben.«

4. *Ihr Mann schenkt Ihnen eine Kette, die Sie vergangene Woche selbst im Kaufhaus für 9,99 Euro gesehen haben. Wie freuen Sie sich?*
   A. »Danke. Danke. Danke. Du bist der wunderbarste Mann der Welt.«
   B. »Wie süß. Die ist ja so filigran und leicht, die spürt man überhaupt nicht. Huch, wo ist sie denn jetzt hin?«
   C. »Wo ist unsere gemeinsame Kreditkarte? Ich hab vergessen, was zu besorgen.«

5. *Er steht vor einem Dilemma: Ihre Mutter feiert 60. Geburtstag, sein Fußballklub tritt zum Saisonauftakt an. Wo soll er hin? Was sagen Sie?*
   A. »Mami hat ja noch so oft Geburtstag.«
   B. »Punkten oder erben?«
   C. »Ich glaub, deine Dauerkarte ist aus Versehen gestern mit dem Sondermüll abgeholt worden.«

6. *Sie entdecken auf seinem Handy eine SMS: »Es war toll mit dir letzte Nacht«. Woran denken Sie jetzt?*
   A. »Seine Freunde sind genauso gern mit ihm zusammen wie ich.«
   B. »Hoffentlich kann er ihr endlich klarmachen, dass sie bei ihm keine Chance hat.«
   C. »Das war deine letzte Nacht, mein Freund!«

7. *Urlaub! Er möchte Lachse angeln in Norwegen, Sie zieht es in den Süden ans Meer. Wer entscheidet?*
   A. »Es gibt nur eine Sonne, die lacht mir immer zu – und diese kleine Sonne, das bist du!«
   B. »Fische gibt's auch im Mittelmeer.«
   C. »Was heißt auf norwegisch: Ja, das ist mein Mann, Herr Kommissar, er sieht nur so anders aus, nachdem er eine Woche im Fjord getrieben ist …«

8. *Ihr Gatte hat ohne Sie zu fragen einen ziemlich großen Hund gekauft, weil die Kinder so gequengelt haben. Wie finden Sie das?*
   A. »Ach, ist der süß. Ich geh gleich mal ein paar Kilo Futter für ihn einkaufen.«
   B. »Hat er schon einen Namen? Wie wär's mit Killer oder besser Beziehungskiller?«
   C. »Fass!«

9. *Ihr Mann hat das Hochzeitsvideo mit einem trivialen Hau-drauf-Film überspielt. Ihre Reaktion?*
   A. Das Ende des Films ist ja ohnehin bekannt.
   B. Jetzt gibt's für ihn richtig Action!
   C. Das Drehbuch für Teil 2 wird schon lange geschrieben – natürlich mit einem anderen Hauptdarsteller.

10. *Er ruft extra von der Arbeit an und verkündet, er habe einen Bärenhunger und freue sich auf den Abend. Was sagen Sie?*
   A. »Hoffentlich schaffe ich es in den nächsten Stunden, die Lammschulter auf den Punkt genau zu garen.«
   B. »Ich kaufe was Leckeres ein, damit er nachher alles zum Kochen parat hat.«
   C. »Bring mir was vom China-Imbiss mit!«

11. *Ihr Mann verpasst den Opernabend, weil er mit einem Freund beim Bierchen die Zeit vergessen hat. Ärgert Sie das?*
   A. »Ach was, Premierenkarten für Bayreuth gibt es wie Sand am Meer.«
   B. »Der Kerl, dem ich seine Karte geschenkt habe, war interessanter als die Oper.«
   C. »Wenn ich mit ihm fertig bin, ist aus seinem Bass ein Sopran geworden.«

12. *Draußen liegt dick Schnee, aber er weigert sich, vorm Haus zu schippen, weil er einen leichten Schnupfen hat. Wie reagieren Sie?*
   A. »Liebling, wo ist die Schaufel? Wenn ich mich warm anziehe, ist das für meine gerade überstandene Lungenentzündung nicht so schlimm.«
   B. »Hallo, Räumdienst? Ich hätte da einen Auftrag für Sie.«
   C. »Du bezahlst von deinem eigenen Konto, wenn sich vor der Tür einer langlegt und der Notarztwagen kommen muss.«

13. *Ihr Gatte kündigt an, mit seinen Freunden eine Woche Richtung Ballermann zu fliegen. Zum »Seele baumeln lassen«. Was sagen Sie?*
   A. »Vergiss die Sonnencreme nicht!«
   B. »Vergiss das Aspirin nicht!«
   C. »Vergiss es!«

14. *Er kommt statt mit den in Auftrag gegebenen Einkäufen mit der James-Bond-Kollektion nach Hause. Ihre Reaktion?*
   A. »Dann geh ich eben nochmal los.«

B. »Fein. Den Body von Daniel Craig wollte ich mir ohnehin schon immer in Ruhe daheim anschauen.«
C. »Wo bekomme ich die Lizenz zum Töten?«

15. *Die Schwiegermutter steht nicht nur in der Tür, sondern wird in Zukunft auch bei Ihnen wohnen. Sagt Ihr Gatte.*
A. »Für mich wird sich dann sicher auch noch ein kleines Plätzchen finden lassen.«
B. »Du teilst mit deiner Mutter ein Schlafzimmer. Und den Rest von allem teile ich mit dem Anwalt auf.«
C. »Wo war noch gleich das Arsen?«

16. *Ihr Mann fährt fröhlich hupend und winkend im Auto an Ihnen vorbei, während Sie im strömenden Regen an der Bushaltestelle stehen. Finden Sie das uncharmant?*
A. »Er hatte es sicher eilig und konnte keinen kleinen Umweg fahren.«
B. »Taxi!«
C. »Morgen, mein Lieber, ist dein Auto nicht fahrtauglich, dafür sorge ich.«

17. *Der Postbote bringt für Ihren Mann ein Paket vom Sex-Versand. Sind Sie sehr überrascht?*
A. »Ich wusste gar nicht, dass er Puppen mag. So ein verspielter Mensch.«
B. »Einen flotten Dreier wollte ich schon immer mal ausprobieren.«
C. »Gut, dass sie die Peitsche gleich mitgeliefert haben.«

18. Beim Stöbern im Schreibtisch entdecken Sie einen Auszug über mehrere tausend Euro von einem Ihnen unbekannten Konto Ihres Mannes. Ihre erste Reaktion?

A. »Er spart bestimmt für den Diamantring von Tiffany's, den ich mir schon immer gewünscht habe.«

B. »Geteiltes Leid ist halbes Leid.«

C. »Da kommst du nie drauf. Guck mal, Schatz, was ich mir heute Tolles gekauft habe.«

19. Er denkt einfach nicht daran, den Rasen zu mähen, und liegt lieber faul in der Sonne. Werden Sie sauer?

A. »Wo geht der Rasenmäher an – ich meine, wenn dich das nicht zu sehr beim Relaxen stört ...«

B. »Ich muss deine Unterwäsche ja auch nicht unbedingt waschen.«

C. »Darf ich dir meinen Bekannten kurz vorstellen: Juan, unser neuer Gärtner.«

20. Im sündhaft teuren Restaurant trinkt er den besten Wein, während Sie nur am Wasser nippen sollen. Lassen Sie sich das gefallen?

A. »Jemand muss ja den Wagen fahren die fünf Kilometer zurück nach Hause.«

B. »Hab ich einen Heißhunger auf Kaviar. Und die Hummer und die Sommertrüffel sollen ganz frisch sein.«

C. »Herr Ober, ich habe es mir überlegt, ich hätte gern Champagner.«

Auswertung

Sie sind eher der A-Typ: Ach herrje, wo kommen Sie denn her? Die Emanzipation ist an Ihnen komplett vorbeigegangen, und Ihr Lebensmotto heißt Demut. Mit Ihnen kann Ihr Mann wirklich alles machen, nur keine Pferde stehlen. Sie mögen zwar die Mutter aller Ehefrauen sein, leben aber leider im falschen Jahrtausend. Schade!

Sie sind eher der B-Typ: Da hat Ihr Mann ins Schwarze getroffen. Sie scheinen tatsächlich eine super Frau zu sein. Eine, die ihrem Mann auch mal die Meinung sagt und ihm zeigt, wo es langgeht, wenn er über die Stränge haut. Sie haben das Leben und Ihre Ehe im Griff. Ein Glückspilz ist, wer Sie geheiratet hat. Klasse!

Sie sind eher der C-Typ: Oje, übertreiben Sie vielleicht ein bisschen? Atmen Sie einmal tief durch, bevor Sie Ihrem Mann die Meinung sagen. Nicht immer ist die erste Reaktion gleich die Beste. Üben Sie Diplomatie, und einer guten und langen Ehe steht nichts im Weg.

Die Top Ten der Ärgernisse

1. Wenn sie mal wieder nicht einparken kann.
2. Wenn die Haushaltskasse leer ist.
3. Wenn sie ständig tanzen will.
4. Wenn sie pausenlos redet.
5. Wenn sie das Telefon den ganzen Abend nicht aus der Hand legt.
6. Wenn sie mal wieder einen ganz anderen Film sehen will.
7. Wenn sie schon wieder Schuhe oder eine Handtasche kauft.
8. Wenn sie über schlechte Angewohnheiten schimpft, für die man sich ja selber schämt.
9. Wenn SIE schnarcht!
10. Wenn sie zu spät kommt oder man stundenlang auf sie warten muss.

Die Top Ten der Freuden

1. Wenn er einen Abend Pascha sein darf.
2. Wenn sie ihm ein Kompliment macht.
3. Wenn sie ihm eine DVD schenkt mit einem Film für echte Männer.
4. Wenn sie vor der versammelten Verwandtschaft erzählt, was er für ein toller Vater ist.
5. Wenn sie über seine schlechten Angewohnheiten hinwegsieht.
6. Wenn sie tagsüber mal eine liebe SMS schickt.
7. Wenn sie auch am Abend zu Hause richtig klasse aussieht.
8. Wenn sie ihrem Vater sagt: »Mein Mann kann das besser!«

9. Wenn er ganz in Ruhe Fußball gucken kann, mit seinen Freunden oder seinen Söhnen.
10. Wenn sie glücklich ist.

Literaturhinweise

Anthony Bourdain, Ein Küchenchef reist um die Welt; Goldmann Verlag, München 2004

Busch, Friedrich W./Scholz, Wolf-Dieter (Hg.), Familienvorstellungen zwischen Fortschrittlichkeit und Beharrung. Ergebnisse einer empirischen Untersuchung von Ehe- und Familienvorstellungen Jugendlicher im internationalen Vergleich; Schriftenreihe Familie und Gesellschaft, Band 19, Ergon Verlag, Würzburg 2006

Andreas Cancura, Ehe-Guide Beziehungsführer; Katholischer Familienverband der Erzdiözese Wien 2003

Charles Schumann, American Bar; Collection Rolf Heyne, München 1991

Heinz G. Günther, Clever Möbel kaufen; Günther Net Publishing, Billigheim-Ingenheim 2006

Rolf Merkle, Eifersucht; Woher sie kommt und wie wir sie überwinden können, Pal Verlag, Mannheim 2007

Don-David Lusterman, Infidelity: A Survival Guide; New Harbinger Pub. Oakland 1998

Schneider Norbert F./Limmer, Ruth/Kerstin Ruckdeschel, Mobil, flexibel, gebunden. Beruf und Familie in der mobilen Gesellschaft; Campus Verlag, Frankfurt am Main 2002